U0031644

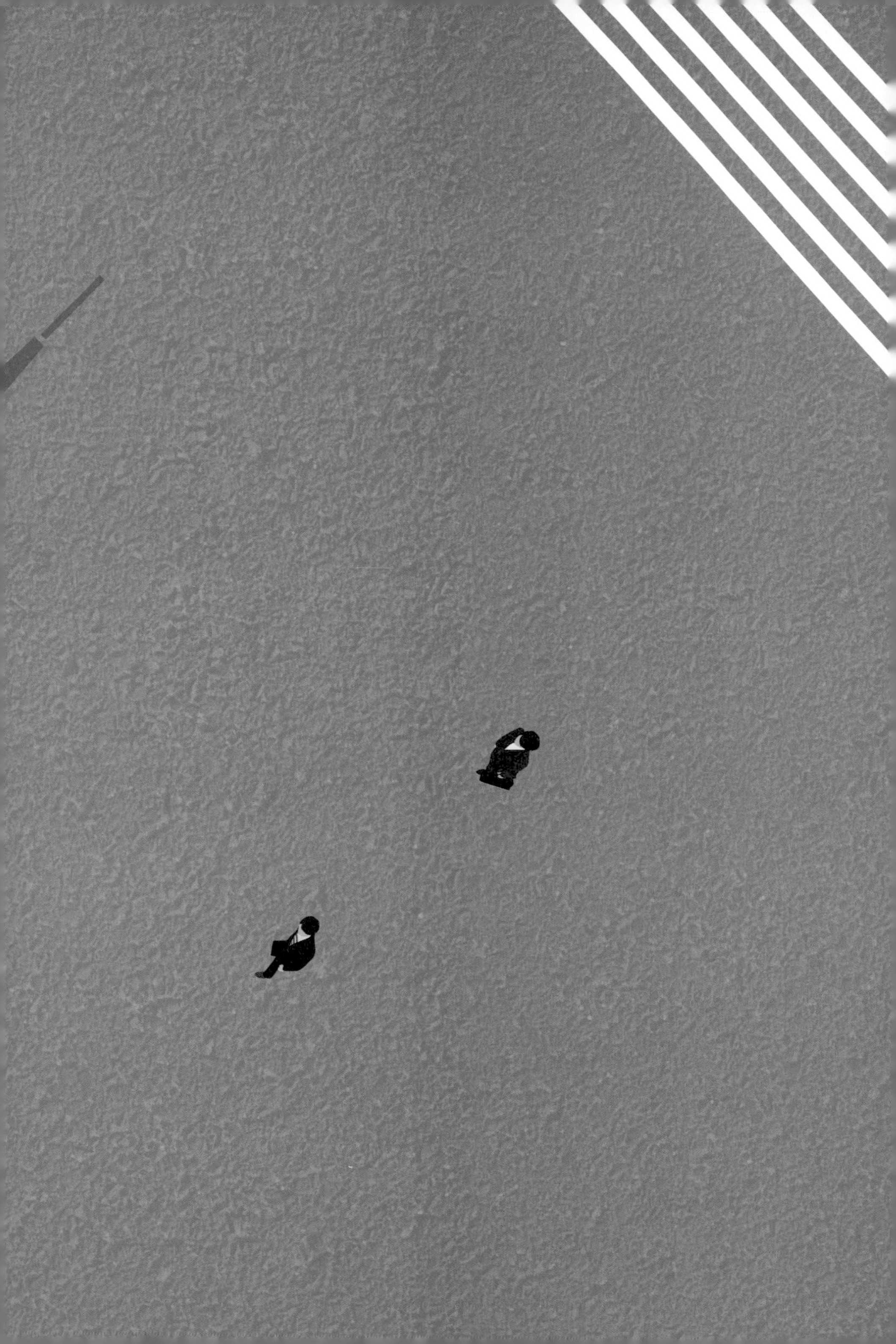

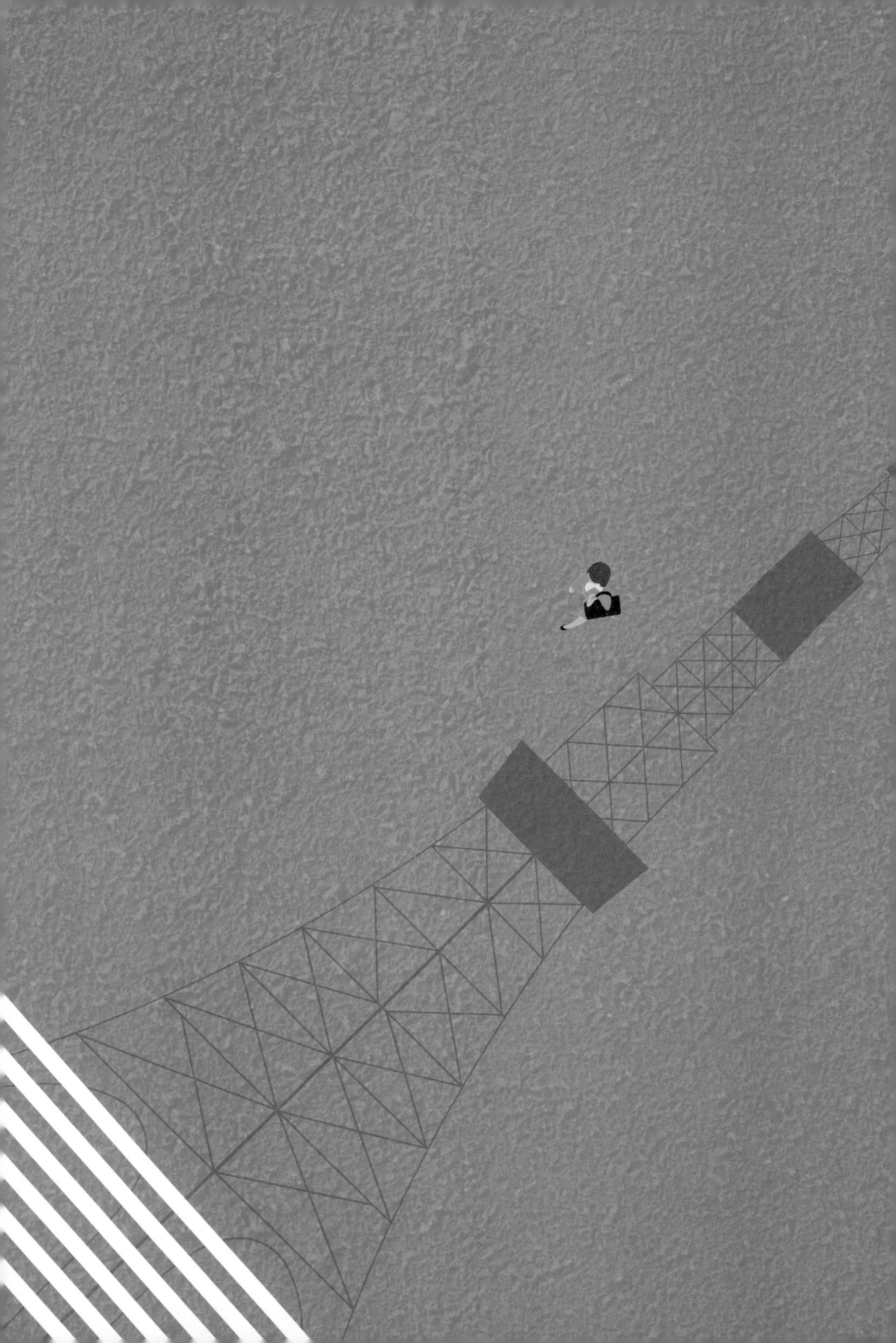

WANDER
IN
TOKYO

東京

散步思考

由點到面看城市，
室內設計的17個觀察側寫

陳岳夫 著

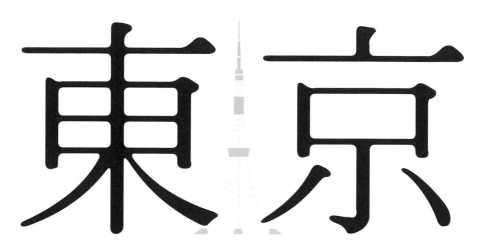

CONTENT

序

1991 年底，我因為哥哥的一句話：「你有沒想過到國外留學或生活看看?」，所以五個月後的 1992 年三月底，我辭了旅館的工作，一個人拎著行李到了日本，走出羽田機場時，是我大學同學 Maggie 來接我。

沒想到，我這一待就是八年。前幾年在東京，過著忙碌的留學生生活，上課、打工、做作業，當然還是有唱歌喝酒啦。就這樣走路逛街，從家裡到學校，從學校到打工的餐廳，這樣在東京過了四年多。雖然有點驕傲地說，我以第一名畢業於當時的室內設計科，但我當時也跟自己說，我再也不要邊讀書邊工作，真的很辛苦，哈!

畢業後，我留在日本工作，到了福島縣郡山市（Fukushima，Kooriyama），對我來說是一個完全陌生、三線城市的鄉下，雖然是東北新幹線是一定會停靠的車站，但還是很鄉下。對，就是那個核能發電廠爆炸的福島縣。

至此，我想我跟日本是結下不解之緣了。每年來來回回日本，不管是工作的需要，或是純粹到東京玩耍，來回東京台北，真的會有很多感受。尤其是每每走在東京的各區，或是跟同學或朋友約某處吃飯，都會提早到約定地點附近逛逛走走。

隔幾天回到台北，感觸更深，東京是那麼近的一個都市，飛機只要三小時，市容景觀及建設卻差那麼多。大家都會說，日本人跟台灣人本來就不一樣。的確是如此，但為何老一輩的人會去回想日本時代的建設，卻看不到台灣的進步?然後這幾年卻又開始要保存日治時代的美麗建築?

我很喜歡東京，更喜愛出生成長的台北。我生在艋舺，成長在東區，現在住新店。每次來回東京台北，其實每隔一段時間，都會有不同的感受，有時覺得東京有點無聊了，台北有趣了些，有時回到台北，也會有相反的感受。我才漸漸發現，每一個都市也是會興奮，會疲倦。十幾年下來，都可以看到不同面向的相互消長。

這十多年來，台灣從九〇年代哈日的興起，我正處在東京的狀態下，很無法理解，日本有什麼好哈的？我不懂，只可能覺得身在此城中，很多事都成了理所當然。1999年，因為家庭的因素搬回台北，我足足一年沒找工作，也無法找工作。這時才發現，喔！原來我是身體跟心裡的某些部分開始發酵。

我在東京念的是室內設計，在郡山的工作是室內工程設計員。我在回到台北後才感受到，我們的居住環境跟日本真的有差異性。特別是在畫設計圖時，猛然發現很多材料或工法，日本跟台灣真的差很多。我在日本工作三年多，學到的許多實作經驗，回到台北設計公司工作時，剛開始很多都使不上力，只好再從頭學起，台灣當地的施工方式。

話說是工作，也帶領我重新回頭看看日本設計。自己在做設計的過程，不是只有滿足於玩設計，而是更督促自己去觀察更大更多的空間變化。從不同的文化角度、不同的書籍雜誌、不同的工作案件，所要面對不同個性的客戶，必須常常重新思考設計與生活的關聯。

旅行，一直是我用來培養自我觀察設計的一個方式。而東京就是我最容易來去的城市，對我來說沒有語言障礙，還有許多的老朋友跟老同學，到東京一趟，看看新東西、新地標，還可以跟朋友們見面聊天，真的是一舉數得。

近年來，不知為何，又開始了日本熱。日本各地的旅遊書，台灣年輕人寫的文青書，也一本本的出，告訴我們的旅遊訊息何其多，讓我這個遊走台北東京的人，都覺得旅遊不難，但是一趟東京或其他都市匆忙走下來，到底得到了些什麼？

不論是跟團旅行或自由行，大家都手拿一本出版社的旅遊指南，走來走去，趕來趕去，擺姿勢拍照，回到家收在電腦裡，發發臉書讓大家羨慕一下，除此之外，旅行還有什麼其他的意義呢？這讓我思考了許久。

朋友要到東京，很容易都會隨口問我說，哪些該看、哪裡好逛、哪裡好買⋯。每次我只是隨口說說，朋友的四、五天行程就被我排得滿滿，但是否真該如此呢？大家都說出國旅遊休息，回到家卻往往聽到他們說，累死了！（莫名其妙⋯）

我常對朋友說，出去玩回來的人，是沒有資格喊累的啦！大東京裡隨便一個小區域，可能就要走上個大半天，眼睛看到的、相機拍下來的，都到哪裡去了呢？我們都來一起想一想。

我也遊走東京多年了，這幾年在台北開了個人工作室之後，可以安排的時間多了些，工作也接、路跑也跑，不止跑台北，台中或高雄，現在更是幾個城市來回跑，我到底得到了什麼呢？這是我寫這本書的一個動機。

到東京遊玩，不需要趕行程，慢慢地走，選幾個真的想去的地方悠閒地逛逛。我來告訴你們我走過的幾個地方，這幾年的這些地點的變化，以及我自己的變化，然後我想請各位朋友在看完之後，也能告訴自己或身邊的朋友，你覺得台北的現在，以及未來可以如何更好？

書的內容很隨興，我大量的隨手拍的影像，都會發出一些問題，看完我在東京走路散步後的故事或是敘述，會在我選擇分享的圖片中提出一些自己的發現，或是你我尚未思考的問題。

過去大多是作者單向對讀者告知他自己的發現、感想，或是告訴你該如何，或是怎麼順路走才看得多、或買得便宜、哪裡喝咖啡比較文青，甚至你該如何做，才會有一趟如何好的旅遊之類。而我比較希望在與大家分享遊記或是觀察後，能引起朋友對於設計、空間及都市變化的思考。

我相信一趟不疾不徐的旅行，不管是四天三夜或是五天四夜，都可以有很多的想法，可以影響你對身所處的城市有些新發現，或是希望它更好。

親愛的朋友們，希望在讀過書中文章後，或許你去過我隨口提到東京的某地，你也可以回憶或思考一下，你眼中的東京，它是如何的一個城市？或是我們台北，或其他都市可以如何更好。這本書與其說是我的旅遊雜記，我更希望是與朋友雙向溝通的旅遊思考。

希望朋友們看過這本書之後，大家對我們生活的台灣，以及台灣的每一個都市都會有更不同的想法，這是我提筆寫這本書的動力來源。

你喜歡東京的什麼？你覺得台北，台中，台南甚至高雄可以如何更好玩？

如何前往

日比谷線、東京 Metro 千代田線、都營大江戸川線

城市觀察

01

六本木之丘、
東京中城、
國立新美術館

由點到面，活絡當地的都更規劃——東京的都市金三角

都市更新，不是拆掉舊的重蓋新的，就叫都市更新。政府在喊出都市更新之前，或是同時，並沒有大力的宣傳政策及未來的整體計劃。或許有，但不夠用力？導致現在都更不知所措。就讓我們來看看東京的例子。

現在的台北，這幾年來鬧轟轟地一直在吵都市更新議題。其實都市更新議題以及所涉及的面向相當廣泛，而且全世界大都市都有這些問題，不會是只有在你我熟悉的台北市而已。大家或許看到這二十年來在北京，上海的驚人變化，大家都說，這是他們經濟開放帶來的果實。

但我想，在大陸沒有開放市場之前，他們應該也沒想過什麼叫做都市更新吧！因爲對他們來說，應該比較像是都市重建，畢竟之前荒廢太久，已經不是都市更新。但是繁華如東京，經過戰後的重建、經濟的高度發展、建築物的不斷增生，這些都已經過戰後五、六十年，終究都有老去的一天。因爲建築物會老、道路會老，或是不合時宜、年久失修，只要地球持續自轉，紐約，巴黎，倫敦都會老，但是你也會看到許多新的東西，持續地長出在這些我們所熟知的大都市裡。

都市更新是個超級工程。從整體的過程當中，可以看出這是一種公民教育的檢視，還有對於共有都市的認同，不在於私利優先，而在於全體共享在更新後有更多的共同利益。

既然要看一個都市如何慢慢翻新，就要有許多的耐心。一棟建築物或許在兩三年就可以長出來，看看台北東區或是內湖，或是台中的七期重劃區，光是這十年來，如雨後春筍般，長出了多少的新大樓。但是一個都市的更新，重點在於「更新」，而不是新造鎮，這兩者在意義上其實差距相當地大。一個區塊重新整理，需要有許多的整合工程，光是取得區域裡所有居民、公家單位的共識達成有多困難，你我從新聞中應該就瞭解了不少。

從我到日本唸書、就職，到搬回台北，東京的都市更新已經進行幾十年。甚至現在拿到了2020東京奧運主辦權之前，也不知道默默地進行了多久的都市計劃，在正式取得主辦權之後，才得以大舉公佈所有已經在進行的計劃，而這些計劃也正區域性的規劃有賴於公權力的主張與主導，民間得以配合政策，而不是弄得好像圖利財團而已。

是東京可以再次取得奧運主辦權的原因。

我們台北、台中及高雄當然也不遑多讓，但唯一讓人民有感的，應該就是二十年來，台北及高雄把捷運系統完成到一大段落的計劃，但是看看日本在這幾年又已經完成了多少地下鐵的新建與整合。但是台北市地面上的更新，卻是爭議不斷。東京，在我們才開始吵著都更時，已經完成了多少個大規模的都市更新計劃，其實很容易看得到，大家也應該去看看。不用多說，建築的設計當然是萬分精彩，但我們要看的，更是整個區域的規劃，而不是只有一棟大樓而已。

提到都市更新，每次讓我想到的，就是我一定會推薦的「東京金三角行程」。透過這三個大區域的陸續完成，我們可以很清楚地看到一個都市更新的內容，其實能夠很多樣、很豐富，甚至改變

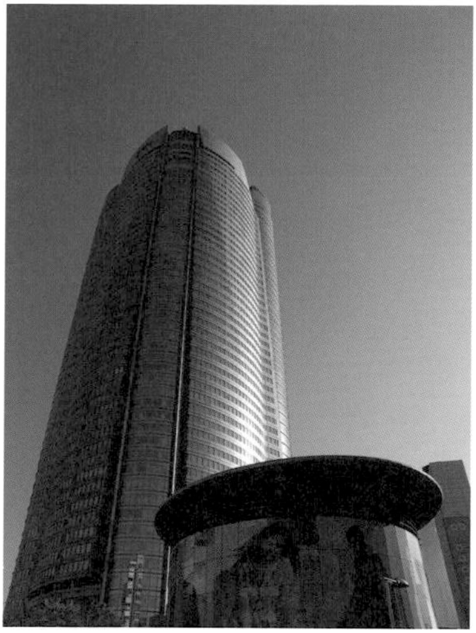

所有人對一個都市的老舊印象。

首先，我們就來看看著名的六本木之丘。在2000年初開幕時，對於長期處於經濟低迷的東京來說，無庸至疑地是一劑強心針，我在1999年離職回台之前，都感覺到日本整體經濟低迷到連我都不想消費的狀態。

當時，東京已經沒有什麼新的景點可引起民眾的驚奇與期待，但隨著六本木之丘的建設完成，一個廣大區域的都市更新計劃，由東京都政府與防衛部（國防部）取得協調，將整體區域的地塊進行整合，由森集團執行，整個區域包含了最高、最醒目的新辦公大樓，多了一家新的飯店，還有兩棟只租不賣的高級公寓。這對於東京民眾來說，似乎是有了一個新的、受到注目的亮點，像是幫一個無精打采的都市再度注入新活力。再加

上旁邊是朝日電視台，不僅商業性有了、娛樂性有了，還有區塊周圍的人行步道藝術街景，原本大家對於六本木停留在只是夜間歡樂城的印象，似乎也受到了良好的提升與改變。

當年我也湊熱鬧去朝聖，十多年前，這個號稱東京有史以來最大的都市更新計劃，經過了十幾年的企劃重整終於完成。似乎在一時之間，給了日本人一個新的觀光地標，也對都更有了重新的認識。在六本木之丘裡面的商城，當然是個很大很新的百貨商場，而且大到不知該從何逛起，所以我還特地繳了錢參加當時的導覽團。親切的導覽人員一一介紹了整個計劃的由來，以及所有的建築概念、室內設計的涵義，包含了所有戶外大型裝置藝術的藝術家，與他們作品的意義，算是相當專業的一場實體建築導讀。整場導覽花了將近45分鐘到1個小時左右，像是上了一堂都市更新整個的建築設計概念是一種地表的再發現，每一層樓用石材代表不同的時期，雖然設計不是很明確地可以一目瞭然。但是設計在經過語言的詮釋之後，可以讓建築更加有故事性，也可以知道建築師說故事的力量有多大。

及建築的課程，相當精彩！這也讓我對於所謂的都市更新計劃有了一個粗略全盤的瞭解。

記得一開始時，新的六本木之丘人潮洶湧，但是這個榮景似乎沒有維持幾年。2006年，就在旁邊不遠的地方，號稱是另一個亮點，也就是東京中城也完成了。這也是一個複合式商業區，幾乎跟六本木之丘一樣。但是東京中城的這幾棟大樓，大多以辦公室爲主，還有高樓層裡的一個五星級飯店，雖然沒有六本木之丘的區域來得廣大，而且建築體較爲集中，但對於喜新厭舊的東京人來說，又成爲另一個設計的話題。

當年要去逛東京中城時，是回頭先從六本木之丘開始逛起。一路上我發現到，幾年前一些面對馬路的商店都不見了，多出了許多閒置的空間，氣

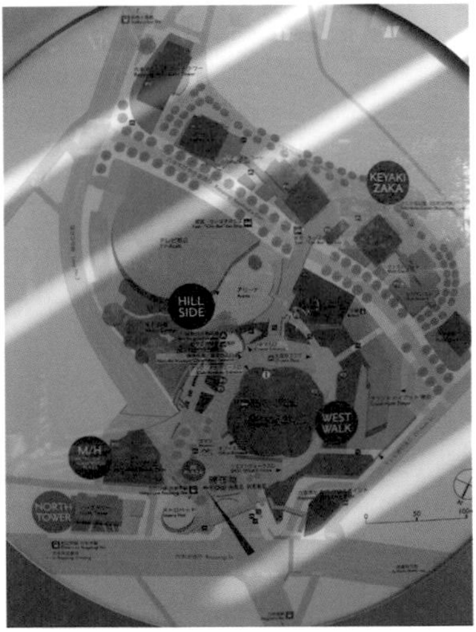

氛上明顯地有點落寞。算一算才不到幾年的光景而已，但人潮已不復在，往來的人群也都是以上班族爲主，已經沒有太多的觀光客。所以相對地，商店關門好像也沒有太稀奇，這就跟我們的天母區域的沒落景象有點相像。

因爲經濟而引起的商業變動是沒有辦法控制的一件事，當時的日本經濟，真的比我在東京唸書時，顯得更加低迷；二來，東京中城的新開幕，理所當然地會把人潮吸引過去，兩個區塊的商業模式雖然有點不太一樣，但多少一定會有拉扯。六本木之丘比較像是一個超大的 shopping mall，而東京中城的商場，則以偏向精緻的設計商品專業店面爲主。

然而，這兩個大區域的共同點是：都設有美術館。六本木之丘大樓的頂樓有一個森美術館，是以當代藝術爲主，不定期有許多企劃展覽；而東

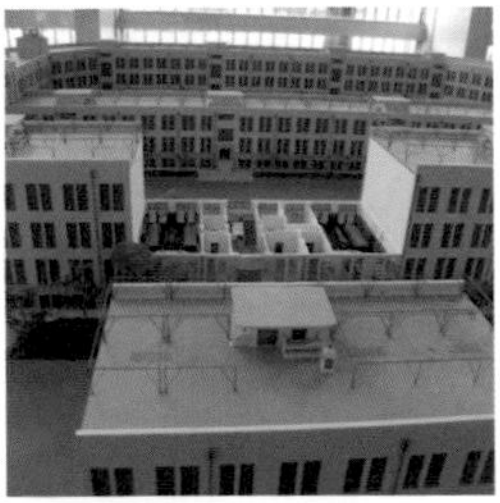

全世界都一樣，人是好奇的經濟動物，新鮮的永遠比舊的好，但舊的未必不好，很多舊的區域，經過沉澱之後，變成一種復古的流行。好的設計與建築便是如此。

京中城後面的廣大綠地上，則有安藤忠雄先生與三宅一生先生共同合作的21_21美術館，夾著安藤先生與三宅先生的名氣，讓這裡似乎勝過六本木之丘一籌。要知道光是東京就有多少私人美術館的存在，也就得以知道民眾對於美學的水平到了怎麼樣的高度。

兩者正爭得火熱之時，然後緊接著國立新美術館的巨大建築也完成了。這個美術館又離此兩個區域不遠，除了是名建築師黑川紀章先生的設計之外，也是東京在這三十多年來，唯一新設立的國立美術館。玻璃材質、流線型的外觀設計，理所當然會引起國內外建築迷及設計師的注目。在國立新美術館裡，引人注意的除了空間以外，還有個米其林星級的餐廳，它所造成的話題，可能也遠過於美術館裡展示的內容，也打破了許多人對國立美術館只能安靜看畫、只許嚴肅小聲說話的

由黑川紀章先生設計，2002 開工 2007 年竣工開幕。

印象。即使對美術沒有太大興趣、卻對吃很有感覺的民眾，便會進入到這個新的廳堂，畢竟美食與建築本身分別都是一種藝術，而不是只有掛在牆上的畫，或是站在旁邊的雕像才是美術。我想這是國立新美術館，給予了美術館另一種新的內涵與面貌。

因爲三個新的大型計畫就近在咫尺，我通常會跟要去東京看設計的朋友說，這個東京都市的金三角一定要去走走看看，不管是散步也好，逛街也罷，主要是享受一下清爽寬廣的街道與街景設計。此外，還要好好地感受一下，東京都政府與民間集團，對於都更計劃中區塊整合與獨立之間連接的觀念，那是一個多麼的縝密的思考，不會因爲區塊與執行者的各自爲政，使得整體區域呈現出一種亂七八糟、毫無連貫性與雜亂的感覺。

許多過去的公共空間，尤其是美術館或是博物館，為了吸引更多的參觀者、以增加收入與維持更好的經營，就必須與時俱進地打破一些迷思與陳規。讓美學以不同的面向，可以同時存在於一個有設計的空間裡，相得益彰。

現在的台北也是一樣，大家都在討論老舊市區都市更新的重要性。但不管是台北車站幾線共構的區域也好，是否還要考慮前後新舊區域的保留與連貫，而不只是成爲台灣的交通中心而已。就算是爭議許久的雙子星已經動工，周邊的變化也慢慢地看得出來，但是市政府卻一直沒有一個實際的遠景可以讓民眾有所期待。

原先的火車站後站，除了共構已經完成的一部份大型建築外，我們還可以期待什麼樣的新景觀，讓一個點，連接成爲一個面，而不是零零星星地長出一棟棟建築物？以及旁邊的西區、後面的大稻埕、左邊修繕幾十年的日據時期的鐵路總局（最近終於有影片釋放）…等，整體的區域整合如何變成一個美麗的區域，我們應該還可以等個十年吧！？

對於不算是太大的台北市來說，不管老舊的西區也好，或是發展許久的信義區也好，二三十年下來，我們似乎看不到一個都市的整體性及多元性，甚至是連貫性，反而只有一種新舊交錯的雜亂感。話說整理歸整理，但是那麼長久以來的市容整頓，呈現的還是一種髒亂的市容。這似乎是在告訴我們，都更尚未成功，市民及政府仍需努力⋯。

Design 設計亮點 Hilights

東京中城 Tokyo Midtown，2007 年竣工。整體概念以「設計」為主題。整個區域還包含了飯店、商店街百貨公司、辦公室棟等等。當然還有很重要的一個小建築，就是由三宅一生與安藤忠雄先生設計的 21-21 美術館。

原本是日本防衛廳的土地，從 1988 年經過立法變更及軍事基地整合後，於 2003 年開工。所以國有土地或是地方公有土地都有一定的配套措施，以及長時間的整合與計畫，才可能有完整的區域設計。

藝術品的設置，是開放空間很重要的一種轉折與美化。

大家逛東京中城就可以深深感受到，建築大樓所佔的面積與公共開放空間的比例，與台北或其他城市的差別有多大。

東京中城的百貨商場，以精品店的型態，講求精緻化與大眾化價格的平衡。今年恰滿十週年。

由三宅一生設計文化財團營運，安藤忠雄先生設計的21-21美術館。

安藤忠雄先生以日本折紙的概念所設計的建築。也是由地面向下發展，並且不超過樹木林立的高度。

如何前往

JR 山手線、銀座線、京埼線、湘南新宿線、東横線半藏門線、副都心線…等

城市觀察

02

涉谷站

美化工程設計，畫出願景藍圖——
用幾張車站海報盼見未來展望

政府及民間共同開發一個舊的區塊，或是重整一個區域，應該大肆地宣傳，讓民眾了解並有遠景可期待，同時並接受民眾的意見及批評。而不是悶不吭聲默默地做…，然後一味地被政治淹沒。

個都會區的展望與發展，除了政府的規劃領導之外，也急需民間或財團力量的支持。或許台灣的政治生態與開發財團的關係，與日本的情況不盡相同，但是日本至少在許多的公共建設上，不管是政府或財團都還是會盡其力地大肆宣傳，而且確實做好所有工程進行中的規劃，不至於讓民眾感到不便，或是雜亂的樣貌而造成觀感不佳。

在東京，許多新舊的車站，不管是地面上跑的或是地下鐵都一直被更新。像是東京車站本身，新宿及涉谷車站區域，甚至是之前大江戸川線的地下鐵工程，近十幾二十年來，一直不斷地進行土地的再利用或是再開發，類似我們口中的「都更」。

像是本書中提到的東京車站，或是新宿車站的南

在車站的工程範圍內，會有未來的一個俯瞰圖，讓民眾知道再次開發後的模樣。

在未來的圖面上，可以看到現今的模樣，做一個相對的比較。

口，近年皆有新計劃正進行中包含已開幕營運的轉運站及共構的 Newomen 商場。而這些進行中的工程，有大範圍的工程圍籬，除了保持行人走道的安全之外，大多設計成車站區域發展的歷史展示，以及未來建設完成後的完整藍圖。這些前後歷史的發展與對照，爲的就是讓所有民眾對過去有了解，也對未來區域的發展有一個美好的期待。這些都是公共建設的設計過程中，必須被考慮進去的地方，而不是只有工程單位乒乒乓乓地敲打及建設而已。

在這裡，舉一個近幾年我一直觀察看到的例子。幾乎每年，我都會找機會到涉谷走一趟。從我 1992 年著陸東京，至今也 20 多年了。當年的涉谷，發展中有點雜亂，從開始只是一個年輕人的區塊，類似我們的西門町。還流行了好一陣子的 109 辣妹現象。但是現在，這裡重新整理過後，

出現了許多的新旅店、文化表演場所，也已經看不到我們印象中的 109 辣妹。或許我說的 109 辣妹，可能現在的年輕人沒聽過，但那個流行是一個時期對一個世代所留下的青春記憶。我常想當年看到的化濃妝的辣妹們，現在是否都成了專業主婦了？

我現在之所以還常到涉谷，是因爲現在涉谷仍有 Tower Record，雖然它什麼時候會不見並不知道，但是喜歡日本流行音樂的我，卻只有在這裡還可以慢慢地找到喜愛的老歌手作品，而這些歌手的 CD 在台灣大多也不會發行，所以每次到日本，都要在這幾家大唱片行中選一家大失血一次。對了，新宿南口也有一家，雖然近幾年音樂產業在實體銷售上的確不斷下滑，但復古黑膠唱片卻一直上升。你可知道，在日本流行音樂裡有一派還是所謂的「涉谷系音樂呢」！

稍微偏離主題了，我要說的是，儘管涉谷是年輕人的街頭，時尚流行的風潮也從原宿一路延伸至此，但涉谷建築的變化也更不容小覷。從十多年前開始，涉谷車站就開始了一連串的改造計劃。這個區塊是東急集團的勢力範圍，在這裡，他們有百貨、有私鐵起站，也有文化表演中心還有旅館。最近，更是大舉改變整個車站的建築，從車站開始，2013年到2027年，長達15年的長期改造計劃，讓人不得不佩服。

Design 設計亮點 Hilights

號稱全世界最忙的十字路口！不僅地上很忙，地下也不遑多讓～涉谷的「地下道」地圖標示著各出口的地上景觀，讓行人不慌不忙。

涉谷車站到 2017 年整合完畢。抬頭看的、低頭望的都讓你一目瞭然。

涉谷重新規劃地上工程如火如荼，整理好的地下道讓男女行人各有所歸的休息室。

如何前往

銀座線、日比谷線

城市觀察
03

虎之門站、
虎之門丘大樓

商辦大樓與公共空間的氣度——
一個讓我覺得上班會快樂的大樓

虎之門（toranomon），現在是東京都港區的地名。原來是江戶城南端的一座門，在撤除後，區域仍沿用此名。但實際並不存在於地址裡，直到 1977 年重新編制後才又將原屬於芝（shiba）區段的某些地址，沿用民眾的慣稱後，才有今日的虎之門一町目到五町目。

大家對於商業大樓的概念為何？一棟好的商業大樓，應該給上班的人們帶來歡愉的氣氛，給予鼓勵的精神。一棟宏偉美麗的大樓，可以給人驕傲與信心。台北市的大樓，大多缺少這種氣度。

說起來，我們大多數的人都是上班族。每天從家裡到辦公室，通勤的也好，開車騎車的也好，無非就是要到另一個空間工作。於是，除了溫暖的家之外，上班工作的空間，就成了我們一天生活中絕大部分身處的空間。

大多數有點規模的公司行號，多在商業區的大樓裡。上班的人每天進出大樓，是不是能夠開心地上班，我想辦公大樓的設計也相對的重要。畢竟給許多養家活口的上班族，每天至少八小時的生活空間，讓大家對於上班有一種期待，有一個好的辦公大樓空間，應該可以提高所有在大樓內的企業或公司的生產力及工作效率才是。

我要說的這個辦公大樓，其實存在著我們所熟悉的小叮噹！也就是現在已經比較習慣叫的「哆啦A夢」。從小叮噹變多啦A夢，是因爲台灣被美

國的 301 法案逼迫，還有日漸受到重視的智慧財產權的關係，加上日文版權重新授權，日方才要求不能再使用小叮噹，而正式發表必須用同日語發音的哆啦Ａ夢，但這跟我們現在講小叮噹成爲習慣似乎也沒什麼太大的衝突。

重點不是這個啦！我想說的是，東京長久以來，終於爭取到 2020 年的夏季奧林匹克運動會主辦權。所以很多已經進行一段時間的都市計劃，在拿到主辦權之後，都可以光明正大的拿出來說嘴了。而 2014 年開幕的虎之門之丘正是都市更新計劃裡的區塊之一，理所當然，現在可以說是爲了奧運舉辦期間交通網的新轉運站，而事實也是如此沒錯。但大家所認知的重點，好像也不在這些重大建設或是奧運相關事物上，而是虎之門之丘，出現了一隻我們大家都超喜愛的哆啦Ａ夢。

從地下鐵出來，就可以看到這隻可愛的多啦 A 夢出現在所有的標示上，指引你往這座美麗的商辦大樓。彷彿由牠帶領著我們走進另一個實際的任意門。

藉由多啦A夢為主角，主持介紹整座大樓的內容，相當活潑有趣。其實當我看完時，還是只有牠的快樂，不太記得大樓的內容了！

設計的語言，可以取材自很多地方。一般來說，從最有名的包浩斯到近年來的綠建築，都是建築常用的語言。可是以地名與漫畫結合為企劃主題的大樓，並不多見。這是一種區域與建築企劃整合的好範本。

虎之門，其實是古老東京的老城門之一的名稱，這跟我們中國的左青龍右白虎相關，但在城門消失後，他也就隨之蕩然無存了，連地址名也稱不上，只是一個地區的通稱。地鐵站也是用虎之門，但實際上卻沒有這個地址名稱的存在。但是因爲長久以來已成爲一個地名，而且是政治中心的一部份。就跟大家說霞關（霞ヶ関），就知道是政府重心所在地一樣的道理。就跟我們說東門市場，或南門市場一樣，你也找不到門了，而是一個古蹟所留下來的名稱。

而森集團在2014年完成的虎之門之丘，最大的話題來自於請到了有耳朵，而且是白色的哆啦A夢，來擔任這個意味著右白虎的代言人。這才是吸引大家眼光的地方。或許先前森集團已經從六本木之丘，到上海又回到東京，他所到之處都會引起一些話題。在我們外行人來看，似乎都是正面的宣傳與帶動地方繁容。而不是像台北市的雙子星，沒個樣就搞得烏烏渣渣的，感覺上蓋好了也不會給台北市民有什麼好印象，這是多麼可惜的事啊。

白虎與貓同樣都是貓科，所以找來白種哆啦A夢代言真是太棒的一個想法。森集團重金禮聘藤子不二雄的公司，重新設計這樣一個已經深植日本人心的卡通人物，既符合了虎之門的意向，又喚起了現在從小到大，被哆啦A夢撐起夢想的中年大叔陣丈。再來是，哆啦A夢長了耳朵，更像老虎，新的代表，也喚醒了一個逐漸凋零的區域。或許這些都只是都市更新，及迎接奧運的一部份，但也看得出來，這不僅是東京市政府對於老舊市區的開發能力，與森集團的企劃功力，合而爲一的整體力量，才可能打造出這樣單獨一棟商辦合一的區域型建築。

一個好的區域規劃，不是蓋完一棟大樓就完成，而事前的交通規劃與環境整合，遠比建築體美不美來得重要許多。

在區域重新整合，或是建築重新整建時，說故事的力量，或是來自於名家的作品，都更能說服大眾，引導大眾欣賞建築的美學與樂趣。

重點還是在哆啦Ａ夢。從銀座走過來，其實是有一段路。但天氣好時，漫步在東京是很舒服的一件事，因爲空氣乾淨又乾燥，人行道的規劃又十分的寬廣，無障礙空間在東京早就不是問題，連紅磚道都鋪得平整堅硬，更不會有圓孔蓋走過像敲鑼打鼓的效果。而且，強調而且，每個都市區域的圓孔蓋都是經過設計，各區域的圓孔蓋都是美麗的圖案，雖然老師說走路不能低著頭走，但在東京連走在路上低頭都可以發現有趣且美麗的公共設計。

當你從銀座走到虎之門之丘大樓時，會看到大樓建築指示，當下就能瞧見那隻可愛到讓人融化的白色哆啦Ａ夢當門神，站在說明板的下方，或是飛在說明板的上方，超級可愛到你都覺得板子上寫什麼都不重要了。這才是重點！完完全全就是個畫虎點睛的神來之筆。

再來也是個重點，東京並不是一個平坦的都市，緩坡的丘陵很多，所以很多地名都會用ＸＸ之丘。而這棟大樓的入口，是階梯式的，所以稱之爲丘，緩坡而上，在外面就可看到裡面，一個落地的咖啡廳及餐廳，非常的寬廣。外面綠樹如蔭，擺放了許多比例略大類似藤編式的大椅子，一坐下來讓人覺得比例變小，有一種不協調的感覺，卻頗爲有趣。不管是從外面看裡面，或是從裡面看外面，都是相看兩不厭。

在台灣，很難找得到設計大方又親民的公共開放空間，這是需要被重新審視與思考的。不在乎飲食咖啡店的座位數，寬敞舒適爲主，不在乎挑高到三層樓，讓人感到舒暢大方，明亮寬敞的大廳，就算是要上班，也不會覺得是要進到鳥籠裡的感覺。整個大廳灰黑白色調調和，幾個咖啡廳及便利商店與書店，用的都是利用木頭及大地色系，

開放的公共空間，現在在台北已經受到重視，但卻沒有用力執行。開放的公共空間綠化，間接地提供了許多的公園，供人穿梭與享受。

除了舒服便利外，我真不太挑得出到這裡上班可抱怨的地方了。不得不說人性化的設計，在東京比較容易看得到。

還有其他重點，就是跟一〇一一樣，要上樓進辦公室，需要經過門禁卡的通道。一整面牆看得到一大片像是潑墨畫意像的壁畫，紋路延伸到天花板，我想那應該是以老虎的斑紋爲概念。從牆壁延伸到一部份的天花板，一氣呵成。然後在一樓的詢問接待櫃台，後方挑高的一大片石牆就掛著一幅現代雕塑，亮晶晶的作品，反射著以黃色發亮的櫃台。讓人很容易注意到這櫃台的存在。

走過了大廳櫃檯，當然就是要尋找那一隻立體存在，白色有耳朵的哆啦A夢。他不在很明顯的位置，而是躲在大樓一樓上坡平台的中間，圓潤可愛的軀體，發亮的眼睛，還有受人矚目的兩隻耳

朵，站在那裡笑臉迎人。他迎來的不是只有上班的心情愉快，還有來訪者的夢想。我在想，進到這棟上班大樓大門，就像是進到任意門一樣，大家對於工作的未來都有一種想像跟努力，假如是任意門，相信大家都會想要進去瞧瞧吧。

台北大樓那麼多，但都沒什麼特色，就連辦公大樓都沒有主題跟精神，有哪一棟辦公大樓，是會讓你眼睛一亮，讓你很想坐在大樓的中庭喝咖啡？或是在大樓中走動就可以舒緩壓力？我想我們要改變的不只是我們上班，及對於工作的心情及心態，而是辦公大樓的業主們，未來你們如何創造及改進一個辦公空間，能讓大家去上班的時候，更加愉快及更有效率吧。

Design 設計亮點 Hilights

辦公棟的接待大廳，簡潔挑高的氣勢，綠色螢光的詢問櫃檯，一眼就讓人認出，加上後方不鏽鋼金屬的立體雕塑作品，成為一個讓人容易等待的區塊。夠寬廣，不侷促，目標夠明顯，公共詢問處不就應該如此嗎！

壁面的類潑墨的虎紋表現，從牆面延伸至天花板。如行雲流水般的意境，讓辦公大樓的通行空間不呆板冷清。

公共空間的樓板面積必須大方，才能展示出其磅礡大氣之勢，也容易讓參觀者感受到建築的包容與雄偉。

如何前往

銀座線、JR 山手線

城市觀察

04

青山二町目站、
原宿站

從青山到原宿，走一次自己的時尚紅地毯

原地環境與新建築完美融合——

佛要金裝，人要衣裝。這是千古不變的道理。到了現代，不僅是人要包裝而已，商品也要包裝，連建築也需要設計到吸引眾人的目光。不論在東方或是西方，古代的衣服或建築之講究及華麗，從現代眼光看起來，如今可能都比不上了。

東京的時尚，在世界上已經佔有一席之地，加上日本人原本就守規矩、好面子及愛漂亮，尤其是東京男女，裝扮自己已經是一種日常生活的基本禮貌。可能在我們的眼裡，走在東京路上的時尚男女或白領族，就好像是一場時尚秀。

假如你自認爲是時尚人士，或想要成爲時尚男女，來到東京，不到表參道、原宿這一條直挺挺的大道上走一趟，那可能就稱不上時尚了。不僅僅是看一條馬路兩側，有著完全不同的時尚流行，還能看到許多建築大師及時尚大師對於空間的呈現方式。就讓我們穿得有型有款，然後一起走一趟東京的紅地毯吧，記得要把自己當大明星看待！

從涉谷起站的銀座線，坐個幾站就到達青山一町目，不管你從哪個出口走出地面，左望右看，

表參道的時尚，年年更迭。大品牌不在話下，小品牌也不斷竄生。不僅是衣服的時尚，建築也是不惶多讓。一條時尚大道，看到的是服裝，建築，還有日本人對生活的一些態度。

都是名牌商店。十多年前，我還在唸設計學校的時候，這一帶還沒有像現在這樣熱鬧，有一棟棟的旗艦店肩併肩地開著；還有後來的同潤會，經由大家所熟知的安藤忠雄大師改造成的表參道之丘。十多年來的變化，其實非常之大，也是我們這種有一點點年紀的人可以說嘴的地方。

在青山，有許多的旗艦店，最早也較有名的就是川久保玲的 comme de garcon。二十多年來，這是我每到東京必去之處，因為這裡常有川久保女士設計的主題展，或是她與許多藝術家合作的跨界設計展覽；你要看的不只是她當季的服裝設計，還有她跟藝術家跨界合作的空間展演，她常試圖將空間與服裝融為一體。在日留學四年多，如果說這裡是我花最多錢的地方也不為過。好哩加在，二十多年後的現在我都還在穿這些衣服，對男生來說，算是很值回票價的一件事。

幾年前，這裡忽然出現了一座菱形透明玻璃的建築物，那就是鼎鼎大名的PRADA旗艦店。這是一定要去看的一棟建築，雖然我常說這品牌是我們的高級達新牌雨衣進化而來的，但整棟透明建築非同小可地美麗。再走幾步路，一個頗不起眼的旗艦店，就是數十年來，以不變應萬變的山本耀司的總店。這品牌不像川久保玲的店面那麼多彩多姿，一直都是以鋼骨的原始結構與水泥冷冽的景象呈現，好看的重點在於他所設計的服裝。我常說，還好我長得矮，骨架也不大，山本耀司先生的衣服我實在撐不起來。所以省了不少治裝費在這裡，不過大多在前面第一家就花光了也是原因之一。

這一帶，若再往同一方向走下去，就是所謂的「骨董通」。我唯一會去的就是IDEE，我們常稱爲衣蝶。這裡是當時讀室內設計相關科系的人，一

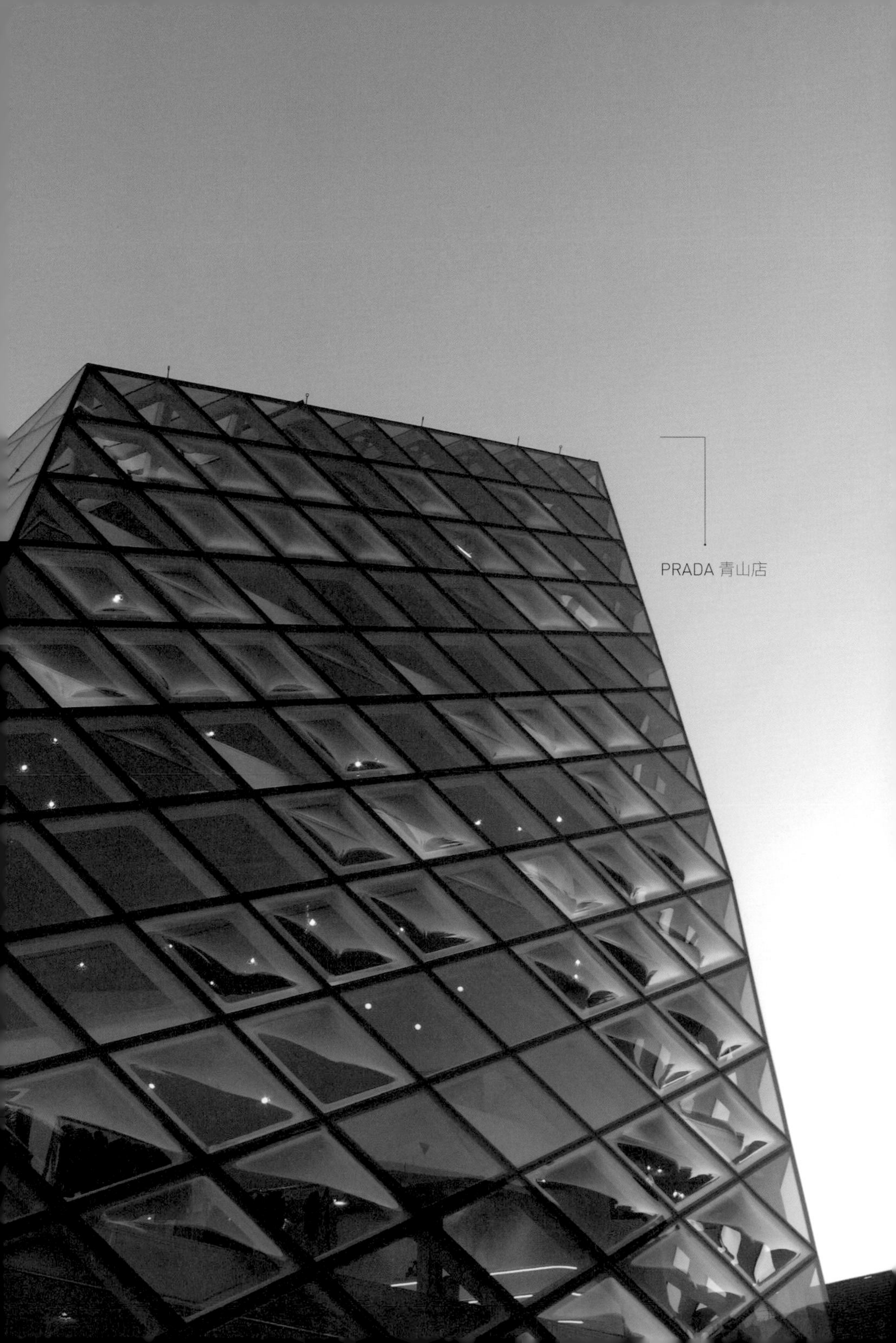

PRADA 青山店

居家生活空間，也是有流行、有風潮。在資訊獲得容易的現今，各式各樣的設計風格不斷地被強調、被塑型。室內設計就像是時尚服裝一樣，不斷地以新概念年年被推出，而且懷古及現代風格也一直同時存在。

表參道之丘的後巷風景，為保持原同潤會原始面貌，仍保存了一棟原始建築。

定要去朝聖的地方。裡面有許許多多的陳列、家具家飾品，還有我最愛的Café。現在回想起來，這裡的室內設計根本就是我們目前正流行的文青風，有點現代、帶點古典與摩登的混合，設計的小東西很多，呈現出日本人對於居家空間的重視。

當然，台灣在經過這十多年來的進步，目前對於空間設計及擺設也重視了許多，也不會輸給現在的IDEE太多。只是一家那麼精緻的居家生活物品販售店可以維持至今，要隨時走在居家設計的先端，而不受到潮流洗禮而退步，在台灣倒是還沒見到過。

在這裡喝完咖啡休息一下後，可以開始往回走，到對面的店家看看。現在有許多品牌也都有其領導地位。我印象最深的就屬三宅一生，他們店面的風格顯然明亮且多色彩。相較於川久保玲和山

由名建築師安藤忠雄與森建設共同規劃，原同潤會集合住宅地重新開發。2006 年開幕，旋即造成話題，至今也 10 年了。

本耀司所用的低調設計來說，這家店簡直是彩色世界，從香水、手錶、衣服，還有他最有名的皺折衣，都是上上之選。至於陳列的風格就非常地明亮簡潔，有別於前面所提到的兩大品牌。這是我所認知的日本三大設計名家，你在一條路上就可看盡，你說說，你能不去逛逛走走嗎？不去的話，你就太對不起日本時尚了，也太對不起自己的荷包？

要再逛下去嗎？說老實話，逛這一條大馬路，你可以花一整天慢慢逛，千萬別匆匆走過。過了十字路口，你就看到龐然大物的表參道之丘。這裡的前身原來是同潤會的集合住宅區域，也是日本東京最早期的公有集合住宅之一。我唸書時很喜歡這一個區塊，整個拿鐵深咖啡色的群體建築，加上茂密的路樹，或許有點陰暗的感覺，卻是逛小店的好地方。現在還保留了一小棟的原始建

整體建築為住商合一，住家位於上三層。下六層為商店型態。

築，做爲讓人紀念這個原本區域的原型，但卻也已經無法窺伺過去的全貌，實屬有點可惜。想想我室內設計的畢業作品之一，就是設計了一家原本在同潤會小公寓一樓的服飾店，或許有機會可以翻出來給大家看看也無妨。

安藤忠雄先生在台灣很受到喜愛，我也一直最喜歡他那俐落的清水模設計。但表參道之丘卻是我個人最不喜歡的作品。因爲他的設計，破壞了原來同潤會群體住宅的風貌，過於龐大也過於商業，安藤先生的設計，捨棄了區域原有的安靜感覺。我一直覺得現在的表參道之丘，像是一艘航空母艦，不小心從海上被海嘯推上了表參道的感覺。

不過，這是以經濟爲主設計的一棟都更建築，喜歡的人還是會喜歡，只是我個人還是不那麼愛。但是，大家仍然一定要去看看安藤先生利用室內許多國家或者是都市，為了維持都市景觀，對於新建築的高度都有所考量。為的是保持民眾對於環境的舒適度，對於天空的尊重、綠化的重要，而不會成為水泥都市。更甚於許多建築師設計的當時，還是以原地的環境為設計主軸，將建築與環境融合一體。

斜坡的空間，到底還是一個緩坡丘陵地的概念，將空間利用到了最大的空曠感。大家可以避開聖誕節跟過年前的時間去人擠人，但那個時期的表參道，夜間燈光可謂是燦爛奪目、歡樂氣氛嗨到極點，不過，萬頭鑽動的景象，真不知是看燈還是看人，也是我很無法忍受的一點。但真的是非常美！大家還是去看一看。看看日本人對樹燈纏繞的細節，跟台北隨便繞一繞有燈就好的景色，是截然不同的方式。

在這個對面，也有好幾棟旗艦店，我最愛的是TOD'S。以樹木的概念，做爲建築的外觀，與表參道的路樹相互輝映，顯得落落大方。還有LV的行李箱念的層層堆疊建築，當然在這兩側還有許許多多的名店，但大概都被他們的風采給掩飾過去了。這一段路，算是時尚過渡區段，因爲再往下走，就到了年輕人的天堂，原宿。

TOD'S 表參道店，由伊東豐雄建築師設計，2004 年完工。

早期，我相信可能在我們父執輩的口中，就知道原宿是日本年輕人的天堂。至少在我大學時期或更早，位在原宿旁的明治神宮，就有所謂的「竹子族」，有許多自彈自唱的，或是喜歡跳舞的團體，在假日時會盛裝打扮，或唱或跳來吸引路人的眼光。這樣的年輕文化，就有如我們口中的非主流文化，或是所謂的次文化。但這也造就了原宿成爲年輕人時尚的天堂。

大家可能更知道的是，從JR原宿車站一出來，對面就是所謂的「竹下通」。販售各式各樣年輕人流行的物品，從服飾到偶像商品，奇形怪狀的新奇玩具到裝扮道具，應有盡有。在這裡慢慢走，你可以粗淺地了解一下，現在日本年輕人到底流行些什麼有趣的東西。還有很多吃的東西也是從這裡開始流行，我印象中可麗餅就是其中之一；也因爲年輕人及外國遊客的聚集，成爲一個年輕

原宿車站：現存車站為木造第二代。
建成於 1924 年。

人市場調查的實驗場所。現在則有更多的品牌也來參一腳，爲的就是測試年輕人的口味，以了解年輕市場對於老品牌新產品的一種敏感度，做爲一種判斷新商品在未來可否造成風潮的檢測。

儘管如此，這些關於時尚的東西，都無傷於這條明治神宮參拜大道，不管老少流行，或是新舊建築，在此都能納進所有年齡層的流行文化。建議大家可以先去神宮參拜看看歷史建築，然後走看名牌精品歷代新舊建築，以及欣賞走在這條有如紅毯大道的紅男綠女，何樂而不爲呢？就花上個半天或一天吧，逛逛這個包含了各種面向的設計，將會非常有趣，而且讓你眼界大開。

喔！對了，這個區域也有許多的餐廳及 Café，大家可以參照市面上的旅遊指南，去找尋你喜歡的食物喔。

Design 設計亮點 Hilights

迪奧 Dior 表參道店 2003 年，SANAA 設計，妹島和世與西澤立衛。

路易・威登的表參道店。

明治神宮外。

如何前往

丸之內線、JR 山手線、銀座線

城市觀察

05

新橋站、有樂町站

好的設計成就日夜不同景致——
成熟卻又野豔的東京銀座

大家都很容易用眼睛看建築，所謂外行的看熱鬧、內行的看門道。其實看熱鬧才最有趣，不會受到學術或者專業工作的影響，想一堆理由來解釋所看到的實體。這樣才是旅行的真義之一，因為你並不是為了學術而去旅行。

我記得在幾年前，我翻譯的東京論（田園城市出版）剛出版，獲邀到某國立大學演講。講題是「建築與翻譯」，當時受邀有點惶恐，問了郭強生教授說，我並非學術研究，建築與翻譯也非專業論述。但郭教授說，你可以用設計的觀點來闡述翻譯的樂趣。這倒是很有趣的一個思考方向。

於是我演講的內容，就取材於我從銀座所看到的建築，還有用語言的表現方式。可能你會問，建築跟語言之間，還有翻譯，會有什麼關係？當時我也想了很久，但有趣的就是，當我們看著許多設計師的新建築設計時，你會用什麼樣的語言來表達或者形容？

銀座的精品品牌旗艦店很多，當你看到這些建築師的設計時，你可以用你眼睛所看到的實體建

於是在一個多元，而且很多新建築出現的同時，除了經濟的復甦，或是市場的轉變，也造就了許多設計的競爭，最有眼福的就是一般社會大眾。

築，轉化成你自己的語言來形容嗎？這就是我認爲的建築與語言，還有翻譯之間的關係。經由你的視覺，說出你對一件事物的感想，我想這也是一種設計的翻譯。而翻譯的方法，每個人都不一樣！

說起銀座，大家都一定不陌生。我想，最近的年輕人，應該都會說東京本身根本就是一個超大型的 shopping Mall，這樣的說法一點都不爲過。讓我打個比方來說，東京是個超級大型的百貨公司，那麼銀座就是屬於精品品牌店的那一層樓。進到百貨公司，你沒逛過最貴的那一層樓，就等於沒逛過這家百貨公司一樣。我們就算是買不起，光是逛一圈，都會覺得自己是個紳士貴婦，而且可以看到許多頂尖的時尚設計，得知當下時代尖端的流行。

而銀座，就是這樣的一個地方。週六、週日的步行者天國，走在大馬路上，天氣好時還有休息座位，讓人宛如走在巴黎的香榭里榭大道上一般。不過這在景觀上當然差很大，怎麼能跟巴黎比呢！但我們的西門町的步行者天堂，也是由此而來，現在當然差更多了。對不起，離題了。

這十多年來，許多時尚精品品牌，陸續在銀座蓋起了旗艦店，像是 Tiffany、Gucci、Louis Vuitton、Giorgio Armani、Chanel、Cartier 還有 Hermes 都在這裡蓋了一整棟大樓。這些旗艦店，讓銀座的建築頓時熱鬧了起來，因爲每一棟都出於名建築設計師之手，讓銀座不只是個精品大道，同時也成爲新建築的觀賞大道。連日本本土的老品牌，也不得不進行改造，像是資生堂大樓、MIKIMOTO 珍珠、山葉音樂大樓，也跟隨腳步建築翻新，好跟歐美國際品牌一較高下。

BVLGARI
ETERNAL PROMISE
BVLGARI
BVLGARI
BVLGARI
BVLGARI
BVLGARI
BVLGARI
BVLGARI
BVLGARI
BVLGARI
BVLGARI
FB宣言
24 hours
365 days
FB宣言
0120-419207

Design 設計亮點 Hilights

銀座蘋果旗艦店。

假如你住銀座，不妨一早來去站在 Tiffany 前吃個早餐。

松屋銀座也不斷更新內外，老品牌也是新時尚。

寶格麗如同她的珠寶般閃耀於銀座建築群中。

Dior 旗艦店外觀有如訂製服般地優雅。

外國設計師作品的進入，的確可以刺激本土設計師的戰鬥意識。本土企業為了提升國際水平，也應該塑造新的形象，以求並肩國際。這是一種國際化的企圖心。但在台灣，這步調非常地慢。

這兩年，連平價品牌的 Uniqlo、Zara，到副品牌的 GU，也在這裡改裝了整棟大樓。當然，他們不會因爲是平價品牌，建築設計就隨隨便便，反而連內裝都精心設計，一點都不輸給這些國際大品牌。平價品牌的旗艦店讓你可以自由進出、沒有壓力，而且只要花少少的錢，就可以置身在有如高不可攀的精品店裡大肆採購。這就是銀座近幾年來最大的魅力之一，讓人不再覺得是一個可遠觀而不可褻玩焉的地方。

既然來到了銀座，大家應該到大馬路兩側的小巷中去走走。小巷中其實還有許多的小店跟名店，更有許多座立在此的老餐廳，像是煉瓦亭，它在小巷中並不起眼，但走進店裡，讓你彷彿進入到昭和時期。在外側那麼多的新餐廳、咖啡館，名牌店臨立之下，它仍然廣受歡迎，而且內裝數十

很多時候，空間的設計相對地可以提高商品的無形價值。好的空間設計，平價的商品陳列，自然而然在合理的價格下，販售的機率相對的會提高很多。即使是低價商品，好的空間反而成了一種品質的保證。

年來沒改變過，連收銀機都還是機械式吭鏘聲音的按鍵。吃完潤滑美味的蛋包飯，或是濃郁的紅酒燉牛舌，結帳時那種叮叮噹噹的機械聲，最近一次去時，老闆問我，想聽聽看嗎？真是讓人在味覺的享受外，還多了聽覺及視覺復古的回味。許多在旅遊書上會提到的餐館，其實都在小巷裡，大家大可去繞一繞。我常常說，用看的又不花錢，何不多看看呢？

說到銀座，就一定要提到附近的永樂町，地鐵可以坐到銀座，JR就坐到永樂町，晚上的這一帶別有風趣。大家別光只看白天的銀座，我常覺得，同一個地方一定要看他晚上的風景，不管是建築或是室內設計，一定要看看白天跟晚上的不同。

白天你可以很清楚地看見建築本身的結構跟材質，而晚上則可以看見這些建築物所發出的光

在夜晚，燈光是吸引人目光的唯一導引。好的招牌設計，好的建築燈光設計，都會在夜晚呈現出百家爭「明」的炫目。間接造就了一個都市夜色景觀。

芒，燈光設計師與建築師的合作，彷彿讓建築戴上了閃閃發亮的寶石一樣。大家可以看看各家旗艦店的燈光設計，在夜晚如何招喚你的眼睛。這些建築，在白天看是一個樣子，在晚上看又是另外一回事。我常開玩笑跟朋友說，在銀座買不起的東西，就用眼睛把他看回家，無價！這就是旅遊看設計最具有價值的地方。

提到永樂町跟銀座，若是常看日劇的朋友都會聯想到酒店。尤其是酒店的媽媽桑。其實大家也可以在晚上去瞧瞧這邊的景色，尤其在9點、10點，或是11點，許多飯後應酬結束的時候，常可以看到這些酒吧媽媽桑送客人到門口。有的穿著和服，有的則是俐落的套裝，應該很容易看得出來媽媽桑跟手下小姐的不同，這種觀察非常地有趣，或許會顛覆你對酒水行業的原有觀感。

商業活動的觀察比較難，但是在這些地方可以觀察到一些日本人的接待文化。我們一般人沒有什麼機會接觸到，但以一個旁觀者，或許可以體會一下，日本人在生活及工作壓力下的舒緩方式。

記得我剛到日本，日語還不太練轉之時，被我父親的好友，帶去了銀座一家高級俱樂部。我印象強烈的是，那位媽媽桑氣質之好，美得有如松坂慶子，英語也對答如流！手下的小姐也是個個面貌姣好、應對自如，她們知道我的緊張，卻可以尋找適當的話題來化解我的不安。我才真的認識到，對日本人來說，這樣的酒店其實是一個單純放鬆的社交場合，我們印象中那種情慾橫流的氛圍，對我來說幾乎不存在。

對於20多年前，當時我還有一個印象，父親的好友要付帳時，我不小心聽到了一個數字，這個數字恰巧就是我當時在東京一個月的房租！我們才坐了一小時，喝了幾杯酒…。我父親的朋友對我說，因爲他跟媽媽桑有二十多年的好交情，這價格是打過折扣的，頓時更讓我心驚！在我設計學校畢業時，我父親的好友又帶我去見了那媽媽桑

次，她依然美豔如昔，但我的日語已經可以對答如流了。

一個城市一個地方，一定有它白天與夜晚的風景，往往人們在白天逛過之後，就忘了去欣賞同一個地方的夜景。尤其是東京這種都會，精彩的應該都在夜晚，所以更是應該要耐著性子，走過一遍白天之後，晚上再空手回來散步一下。你會看見的，不是只有白天勤奮的日本上班族跟粉領族，還可以看見勤奮人們夜晚下班後的美麗與放縱，這才不枉在銀座多走九遍的真諦。

不管你是白天看了銀座的建築，或是晚上你逛到這些小巷中的酒家文化，你會用什麼樣的語言，將你所看到的景象，翻譯出來給大家聽呢？

isg
isg
NATURAL
LAWSON

如何前往

JR 山手線、中央線、橫須賀線、丸之內線…等

城市觀察

06

東京車站

百年精神指標的建築起站——東京車站前後站的兩種風情

我相信喜歡旅行的人，一定會經過很多的車站。車站是一個區域的停靠處，是人潮往來的歡聚與別離的地方。也是一個寫故事的空間。

基本上，有車站的地方，週遭一定會成為一個商圈。但是隨著經濟發展，商店會不斷地更迭，週邊的建築也會快速地翻新，或者拆除重新長高。但車站就是一個地標，要改變很難，畢竟這是政府在建設地方前就先行建立的重要交通地點。而且，歷史久了，每個車站更是成為地標，所以當你每到一個旅遊景點時，第一個看到的建築，除了下飛機的機場外，一般來說應該就是車站！所以，請你先好好看一看這個可能是你來到貴寶地初落腳的建築——車站！

車站的設計，除了鐵路線路多寡之外，還有許多可以觀察的地方。當你拖著行李等車的時候，你可以注意一下月台的寬窄、月台出入的標示、顯示車次的跑馬燈、販賣機擺設的地點、大型廣告看板的大小位置…等，這些都會無意識地牽動著旅人的視覺。所以一個車站的設計，也可能會為

你寫下一個新旅遊地點的第一印象。

既然到了東京，一定要好好看一下這個在東京最大的車站。2013年，東京車站成爲一個很重要的觀光景點。爲何？因爲日本JR花費了幾百億日幣，經過好幾個年頭，終於憑著當年黑白模糊不清的照片，以及所有可以找到的記錄，研究出大戰時被炸壞的東京車站所用的建材。因爲當時的技術大多已經流失，有些材料拆下後經過重新整理分析，光是屋瓦就有一大部分重新燒製，遠從西班牙運回。還有利用現代技術加強結構，更有許多的細節部分，是在試行錯誤後找到方法，分階段把車站給完全修復。車站以大門爲中心，完整對稱的左翼與右翼，還有不甚明顯的東京車站飯店，也都重新整修開放後再對外營運。對於一個一直在更新的國際都會來說，要保留老建築原本就不太容易，更何況是要「修復」。

以台灣過去的狀態來說，拆掉重建都比維修來得便宜行事。但是在拆掉的同時，我們也可能拆掉了一段歷史，歷史無法抹滅，拆掉了一座建築，卻再也回不來了。

或許，大家到了東京，大多只會在車站內忙著東張西望，因爲要轉乘縱橫交錯的東京地鐵或是新幹線前往別的城市。但是，既然到了東京車站，你一定要好好地逛一逛這一座於 2014 年滿百歲的建築物。

單從東京車站的外觀來看，就跟我們的總統府，或是監察院的建築風格差不多。但是單看這一部分還不夠，左右兩翼建築入口的圓頂可是有著許多小細節能觀賞。這個圓頂的天花，雖然說不上是雕樑畫棟，但在當時的設計風格卻很明確。上面有十二生肖的浮雕，但沒有十二個都到齊，你可以站在大廳的正中間往上看，原地慢慢轉一圈，仔仔細細地看每一隻動物的姿態，然後告訴大家總共有幾隻。

我建議大家，去東京車站參觀時，不要選在大白修復工作其實很像考古，因為太多工法及當時的技法都已經失傳，但修復並非只是重做。為了修復，需要許多學者的協助與工法研究，所付出的時間跟費用，遠遠大過於重新蓋一棟新的建築。

天去看，於黃昏時分去逛逛會最好。因爲白天可以好好看看建築物本身的姿態，你會發現，東京車站像是一位溫和的紳士；當夕陽漸漸西下，車站外觀會打上燈光，此時你會發現，似乎又變成了像是一位盛裝打扮的淑女。這時候，你就可以看出東京對於老建築物的重視與修復所花的功力。

近幾年來，許多從日據時代留下來的台灣本地車站，才開始受到重視與保存。只可惜，最重要的台北車站早已煙飛灰滅，我們只能從照片裡去懷念。還好新竹、台中、高雄還有集集…等，還有許多大小車站，也已開始或已經被重視及保留，這真的是一件非常美好的事。這表示我們全體國民的人文素養，不再只是停留在以經濟爲首的階段，而是進入到另一個注重美學、反思美學的層次。

我常跟朋友說，具有歷史及藝術價值的老建築真的不能隨便亂拆，因爲拆除之後，就算現代技術與工藝有多進步，根本就不可能重蓋或恢復。爲什麼？因爲現在的人文思考與現代工藝，恐怕都無法呈現當年的建築氣質，就算模仿到一個程度，那畢竟只是模仿，已經不是本尊了，像是東京車站就是個非常好的案例。

但是大家好像都忘了，通常車站不會只有正面，也就是我們所謂的「前站」；其實還有後火車站的景觀。東京車站貴爲日本鐵道的起迄中心點，在不斷地擴建後，前後站的距離大到可以讓你走到腿軟。但大家都只把焦點擺在去年完成的本體建築，卻忘了另一個八重洲口，它比較像是我們說的「後站」。

八重洲口的設計，當然不是我們一直提到的紅磚

建築本體的後門，在迎接 2014 東京車站 100 周年的同時，八重洲口也重新以另一個面貌正式與大家見面。因爲是全新設計，所以必須讓人眼睛一亮，而且也的確讓我眼睛一亮。因爲八重洲口的整個正面，以一個很簡潔的大圓弧頂蓬，撐開了整個車站的氣度，稱之爲「grand roof」，它配合了旁邊許多現代的高樓建築，與前面原有的百年東京車站本體相比，形成了一個車站前後古典風格與現代建築的對比。

而東京車站本體的前面，在前幾年就開始都更，蓋了許多的新大樓。這些大樓，當然也包含了飯店，商場跟辦公室。所以前面我提到的，這裡的夜景一定要看，至於老車站的前面，爲了方便大家觀賞與拍照，設有一個廣場，你可以在那邊拍照。到了晚上，燈火通明的商辦大樓，圍繞著典雅的東京車站。若你站在廣場中，再次慢慢地在

車站不只是寫故事的好地方，更應該也是民眾的好去處。除了車站本身，更可以給予鐵道相關歷史及文物的展示，加深民眾對於鐵路交通的認識之外，開發及維護的重要性都可以公開說明。

原地轉身一圈，就可看到非常有趣的對比。假如要居高看東京車站，也很方便，就走到對面的商場樓上，就有很多的餐廳跟咖啡廳，你可以選擇一個依窗的位置遠望。或許4、5點時先去那喝個傍晚茶，坐到6、7點，就可看到白天與黃昏後交錯，有自然光與夜間燈光照射時，兩種完全不同景色的東京車站。

八重洲口呢，真的就沒前面精彩，但離京橋跟日本橋也沒太遠。從京橋到日本橋，再走到東京車站的八重洲口，真的可以看到東京這百年來不同的都市景觀。我們在台北，似乎就很難了。

雖然你可能認爲，這只不過就是一個車站，日本的鐵道交通的中心從冒煙的蒸汽火車開始，發展到舉世聞名的新幹線。但是東京並沒有因爲要擴大車站，而把一座美麗的建築物拆除，其實他

們大可以這樣做，但是沒有！因爲除了開發興建外，還有許多的方式可以改造車站。

好不容易，最近台灣開始注意到了歷史建築保存的議題。接下來，我們台北的鐵路機場，一樣是很重要的百年鐵道文化資產，該如何被保留，還有相對的開發利用，不僅是整體規劃的內容很重要，但更重要的是，我們人民對於資產保存的態度，一定有某種程度可影響政府對於文化資產的決策。不妨大家也多花點心力，爲台灣的歷史建築多點關心。

Design 設計亮點 Hilights

東京車站的百年英姿。即使被新的高樓群圍繞，其中，他仍如皇冠上閃耀的鑽石，是不可缺席的歷史建築。

東京車站的雙圓屋頂，不僅八角對應，也各有生肖對應。只可惜重建時，僅可依年久的黑白照片分析重建，但仍可看出百年前重建築工藝的純熟。

如何前往

東武 SKYTREE 線、都營淺草線、JR 山手線．大江戶線、日比谷線、三田線、都營淺草線

城市觀察

07

東京鐵塔、晴空樹

用新舊高樓寫下城市歷史精神——東京鐵塔與晴空樹

許多大都市似乎都需要有一座或一棟建築物來做為代表，因為重要建物代表了一個城市的精神、美學及發展階段。過去，台北沒有101，代表台北的是總統府，是中正紀念堂，是龍山寺…等不同時代，也因此有不同的代表建築出現。

要說到大家對「塔」的認識，大概都不會脫離對巴黎鐵塔的印象。巴黎鐵塔建成於1889年，可說是法國這百多年來的象徵，再也沒有比這個更能說明巴黎的存在，即使之後的新凱旋門出現，頂多也只是一個話題，終究無法取代巴黎鐵塔的地位。

戰前戰後大家也都知道日本人擅於模仿，我想日本在工業設計上，的確有超英趕美的野心。所以在1958年時，硬是蓋出了一座比巴黎鐵塔高13公尺的電波發射塔。不過只要把這兩座塔擺在一起，大家就能知道這兩座鐵塔的美感不同，巴黎鐵塔硬是把東京鐵塔給比了下去。但在那個年代，東京鐵塔卻成了東京都會的象徵，這一點倒是沒有輸給巴黎鐵塔就是了。東京鐵塔有它的功能性存在，就是電波的發射塔，當然也有觀景台…等觀光功能。不似巴黎鐵塔是一座單純的藝術品。

在這之後，世界各大都市也都以立塔爲城市做下標誌，雖然在世界上未必成名，但在本國之內或當地，都會成爲一個地標。我想前幾年，在廣州亞運時開幕的廣州塔應該是最好的註腳，他還有一個別名叫「小蠻腰」。它的造型是中間較細、好似有個腰身，不像前面兩座塔都是雙腳打開站穩腳步的形態。大家去維基一下，大概就可知道這幾座塔的設計有哪些不同。

這兩年，最熱門的塔，當屬東京的「晴空樹 Sky Tree」，是目前僅次於杜拜的哈里發塔的高度，成爲世界第二高的人工建築物。這座高塔的設計，也是爲了電波的發射，算是取代了老舊的東京鐵塔的功能，所以也有人稱它爲新東京鐵塔，但我認爲還是叫天空樹或晴空樹比較好，畢竟東京鐵塔在人們心目中已有它應有的地位，稱爲什麼「新」的，其實很難取代原本建物存在的地位。

建築物有新有舊，新的代表一種時代的進步、工法的進步、經濟的進步，也是設計美學的新階段。但未必能超越舊時代建築的美感，或是當時要給予人民的精神。

說到晴空樹，非常高，有634公尺，用的是粗大的圓管結構交錯支撐，站在底下看非常地壯觀。當然就某部分來說，是因為日本的整個電視播放系統全面更新，需要更強更高的訊號發射裝置，所以建造目的是以此為出發點。

不僅如此，這還包括了日本人很愛比，要比高、比強、還要比便宜，物價明明不低的一個國家，能利用比人民想像低的預算，設計出一個令人驚豔的作品，的確不太容易。另一個很大的企劃，是一種都市更新的概念，希望順便帶動起經濟活動較為衰退的老區域，這一個影響，範圍甚廣，從大家所熟悉的淺草，擴及到上野……等區域。

換句話說，這也是一個大型的都市更新計劃。於是乎，向來很會製造話題的日本人，早早就開始宣導電視訊號即將改變，要從地上波要轉換為全

面數位化的同時，就正在建造中的晴空樹身上下功夫，不斷地強調他的功能性之外，還有他高度的話題。

這裡面也包含了整座塔的觀光內容，還有全新的商業區域，像是東武百貨跟其他商店街…等，還有許許多多外圍的商店。這讓許多隱藏在小巷中的老店，再度受到重視，讓其他重要的相關建設，一起連動起來，比方人潮交通的便利性、老區域的話題創造、隱於小巷中的老餐廳…。都是由這一棵大樹在不斷長大過程中重新得到庇蔭。

新的晴空樹蓋好開幕後，我也趁工作忙碌的空檔，找盡理由飛到東京。我發誓，我真的並沒有刻意趕上參觀的風潮，因爲光是從台灣的電視報導來看，就知道去了也排不上隊伍上頂端參觀。

這種屬於大型的公共開發案，政府的宣傳要能讓民眾可提早準備這類足以影響全國的改變，要能打中民眾希望要更好的渴望、要能讓全民共享不分貧富。即使有民間財團的協力，也不能讓人民只看到財團拿到的好處，確立人民了解政府才是主導都更的力量。

就跟其他的高樓建築，或是當年東京都廳展望台一樣，我想看到的景觀應該不會差太多。所以我趁著拜訪我母親留學日本時的同學阿姨，其次才是順道去看一下晴空樹。我這樣說你會相信嗎？最近爲了書的出版又去了一次，人潮沒了，很好上塔！去吧！大家！

我搭都營新宿線地鐵到站後，從我熟悉的地下竄出地面，那天是大好的藍色天空，走過我熟悉的路口，卻沒想到站在小松阿姨家（母親的親友，我從小就叫她小松阿姨）門口的馬路上看過去，居然就是晴空樹！在去按門鈴之前，就站在馬路中間拍了好多照片。而這是在我母親過世後幾年，首次拜訪小松阿姨她老人家，她依然溫婉，娓娓道來她跟媽媽年輕時的東京生活。當時，最好娛樂就是看電影，她跟媽媽常會在我面前說以前的男明星有多帥，現在的根本不能比。俊男美女跟建築一樣，也是有其時代性及流行性的代表。

近年來，台北捷運系統已經建立到了一個段落，但沒有大型建設的考驗下，或許還應付得過來。吵得沸沸揚揚的大巨蛋，即將面臨的就是一場市政建設規劃的大考驗。去過東京巨蛋的朋友們就知道，即使是幾萬人觀眾的球賽散場，出了巨蛋，你根本完全感受不到人潮的擁塞及不順暢。但你一定會擔心忠孝東路與光復南路擁擠塞車的景象！

到了晴空樹下車的車站，我沒有發現擁擠的人潮，那是因爲交通路線規劃得極好。日本人關於新的大型建設周遭環境，對於人潮影響的事前評估及計劃一向很周全。他們了解日本民眾一窩蜂的人流高點。交通不會因爲一窩蜂現象，而造成人擠人的狀況，來的人、去的人，都能依循順暢的動線，因爲早在設計初期，就不知道推算演練過幾百上千次。周圍的交通線路的擴散也是四通八達，完全不用擔心你進不去，或是進得去又出不來。

日本人並沒有因爲晴空樹的落成，而遺忘了原有擔任發射電視地面波幾十年的東京鐵塔。這座紅白相間的鐵塔，建造當時，就硬是要比巴黎鐵塔高個13公尺！戰後，它在芝公園也站立了幾十年，這是建立日本人自信心的一座「巨塔」，也是二次大戰後大多數日本人記憶中東京唯一的地標，也是我母親這一代，生下我們這一代嬰兒潮的代表建築。

或許你讀過日本小說家 Lily Frank 的小說，或者是看過電影「東京鐵塔」。其實小說或電影所敘述的內容，就是我跟我母親這兩代的日本。而東京鐵塔在當時代表的就是城鄉差距的一個指標，也是當時外縣市年輕人嚮往到首都打拼攢生活的一個象徵。我們的老電影不都以車站做爲一個年輕人到台北的第一景嗎？只可惜現在的 101 似乎無法撐出這樣的一種希望。

我記得我在看日文原文小說時，是在曼谷一家小旅館頂樓的游泳池邊，看得我一把鼻涕一把淚，還好當時泳池畔沒有其他閒雜人等；後來看電影時，真的只差沒再帶一條浴巾進電影院。這就足以看出，日本人並沒有那麼地喜新厭舊，反倒是又把東京鐵塔好好地歌頌了一番。

經由這樣的比較，除了本來就在熱頭上的晴空樹之外，毫不意外地，在日本當上父親的我們這一日本人喜新，他們不斷地追求領導世界的眼光。但他們並不厭舊，他們對於傳統建築的保存及修護不餘遺力，這才是一個文化國家在經濟進步的同時，仍不斷地對過去的文化精神，尋求一個讓後人知道的保存方式。建築是也是一個說故事的好題材，只可惜台北這樣的景點越來越少。

代，又帶著小朋友來到東京鐵塔，重新對下一代敘述了這一代父親小時候對都市的崇拜與記憶。我則是在國中二年級時，首次登上了東京鐵塔，反倒是在日本留學工作的8年…印象中好像只去過一次吧！

對我來說，這也是一個都市的兩種記憶，兩座鐵塔，串起了三代的情感，看到了東京在這60年來的變遷，東起西落，老市區與新市區的興衰輪轉，還有建築技術的進步之外…。

回到台北，我看著50層樓高的站前大樓，風光一時，記得我祖母的生日是在頂樓的餐廳慶祝。幾年後，101大樓落成，我有幸在86、87樓參與了一個一整年台北東京飛來飛去的案件，可惜是一個沒結果的設計案。從101望著50樓高的站前大樓，還有不知道什麼時候才會動工的雙子星。

在我們這一代及下一代，大家到底要用什麼樣的新舊高樓建築，對台北寫下哪些都市記憶？或是我們這一代要用什麼樣的建築來形容我們過去的生活？我記得以前的希爾頓，即現在的凱撒飯店，可是當年台北「最高的大樓」。

爾後站前新光大樓，似乎也沒因爲101大樓的完成，而特別去企劃或炒作活動來強調這個曾經第一高樓的光榮歷史，就這樣，落寞地好像快被遺忘。北門廣場重新完成或許是一個新的起點。而101大樓則用了許多活動的策劃，不斷地活絡周邊的生氣，有話題一定會引來人潮，不會只有周年慶的一波人潮而已。

東京的兩大新舊鐵塔，與台北東西的兩大高樓，剛好是一種相對的比較，你又會期待這兩個區域未來會有什麼樣的不同發展呢？

Design 設計亮點 Hilights

SKY TREE 商店裡擺放的商品百家爭鳴，設計應用於食品、包裝、紀念品，各廠商無所不同其極，將一座塔發揮到淋漓盡致。

因為是電視訊號塔，於是各家公民營電視台在此都有吉祥物或電視角色的商品販賣。

如何前往

銀座線、東西線、都營淺草線

城市觀察

08

京橋站、東京站

由一座橋而起的活化再生——日本交通起點的京橋與日本橋

世界上有許多的橋都很有名，因為有歷史，有故事，還有因為不斷的災難或戰爭，時代交通的所需而不斷改變的例子。一座橋不單只是一座橋，到最後已經是一件藝術品。

假如一條橋串起小河兩岸或連接一條路，成爲都市中一個散步的街景，那是多麼浪漫的一件事？許多都會城市都有河流穿越，比方巴黎的塞納河，紐約的哈德遜河，都有一座或是不只一座有名的代表的大橋。我們台北也有淡水河，橋也一大堆，但讓人散步的橋有多少座？

這些橋不是只有車來車往的功能，還可造就一個都市的水景，成爲都市中的一個代表符號。只有車可以走的是交通道路，假如是一般人可以走上橋去散步，慢慢欣賞橋與景的結合，這座橋才有它真正的生命。每個人走過一條橋，都可以敘述他擁有的故事，只有車子通過的橋，卻很難。

東京也是如此，東京有許多地名或地鐵站都是以橋爲名，像是我要跟大家說的這兩個地方，其實就是兩座小橋，日本橋與京橋。

橋除了本身的功能之外，橋的造型與藝術性其實也非常重要。橋之所以讓人記得，無非就是最早的功能性，民眾渡河得以進行聚集與交易，慢慢擴展成爲商業集中地。在時代與經濟發展，還有交通與商業模式的變化下，還能持續將橋的功能轉變成地名，那就有其他的原因在內，而且是橋本身存在的重要性，還有藝術。一座橋有故事，就會留下傳誦的事蹟，也會被拿來做爲日後小說及文學的場景，一直地延續一座橋的美麗生命。

2014年，適逢東京車站一百週年紀念。但這裡先不談這個活動，讓我們先來走走日本橋到京橋這一段路吧。這一段路，不長，但會經過許多有趣的地方。從銀座線的京橋車站出來，看到的都是辦公大樓，離銀座很近，但我們先不往銀座這個貴婦天堂走去，從反方向去逛逛看。我會在另一個觀察的想法中，帶各位去逛銀座。

街道的設計，對一個都市，或是一條路，都可以成為一個景觀。都市的設計方式有非常多的方向，可以不單調，更可以讓民眾在走路時成為一種享受。

某角度來看，過去京橋的確是一座小橋，現在已經不復存在，因爲跨越的京橋川已經被埋掉了，僅剩下當年的橋柱遺蹟，但也已經成爲一個商業區的地名。在這裡你看不到有什麼好山好水的風景，但晚上的大馬路卻還是滿美的。因爲辦公大樓的燈光大多亮著。雖然沒有銀座方向，多彩亮麗的燦爛招牌燈光，但一棟一棟方型的大樓，一小格一小格的窗戶燈光，形成了有規矩的光盒排列，日本人真的是愛工作的人種，也因爲加班，這些努力的工作者，點亮辦公室的燈光，造就了都市夜晚的另一種風景。

但是在大馬路的兩旁，除了較高的路燈之外，人行道的兩側還有一支支方型造型燈柱，每隔幾公尺就有一支，綿延幾百公尺，其實是很壯觀的一個馬路夜景。有這樣的設計，不只是爲了行人的安全，也是一種街景燈光藝術的展現，不僅是設

計，也是一種實用的燈光秀。想起以前往返台北台南搭飛機時，我認爲由上空鳥瞰夜晚的台灣是非常美，而且是不滅的花火。大家不妨下次坐飛機在降落前，好好地從天空上看一下台灣，晚上的地景燈光，那真是美得過火。

我們繼續慢慢往前走，就到了有百年歷史的三越百貨日本橋本店。這座有歷史的百貨公司，有幾十年沒變的玫瑰花包裝紙，及玫瑰花圈的紙提袋。以前是高級禮品的象徵，送禮要是到這裡買的，等於就是高級，現在老一輩的人，依然有著這樣的想法。

而百貨公司的建築物本身就是個代表，一樓的挑高以及中間往地下室的大樓梯，至今都還是其他百貨公司無法比擬的氣勢。室內古典簡單的巴洛克風格，沒有太多的綴飾，幾根高聳的方形大柱

許多建築不在於規模的大小，而在於建築本身的設計氣度。

子，撐起了百貨公司高傲的氣度，古老優雅的氣質，卻一點都不顯老氣。在東京人禮尚往來的習慣中，高級氣質的印象也就一直保持了下來。像在台南的林百貨，是南台灣第一家的百貨公司，雖然規模小了些，但現在依然不難看出過去大氣度的風采。

出了三越百貨，再往下走一小段路，就到了日本道路距離起算的中心起點——日本橋。現在的日本橋，已經是第十九代，從第一代的木造橋，可以從過去的浮世繪中找尋得到蹤影，甚至在江東區的江戶博物館中，都還依照畫中的樣子，重現一比一的第一代木造日本橋。所以光是一座橋，經過許多的災難與戰亂，即使改變了不同模樣，卻代代都有故事可說。所以橋就不止是橋，而是一件建築藝術品。現今的日本橋，在1999年被日本指定爲國家文化財。

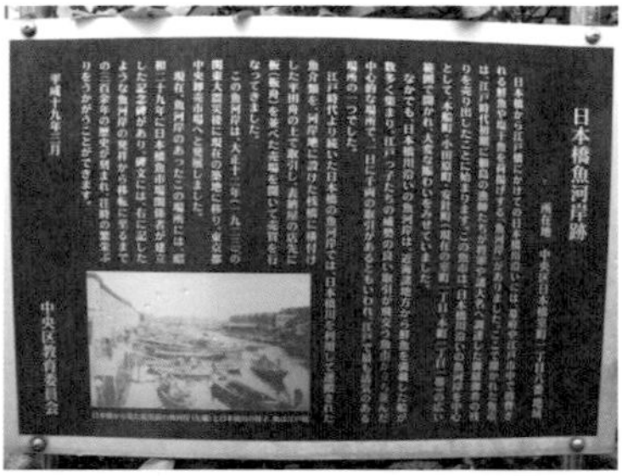

前陣子我剛看完東野圭吾的作品——麒麟之翼，故事一開始發生的殺人事件，死者就是倒在橋上長著翅膀的麒麟雕像之下，更加深了我對這座橋的印象。這是一座指標性的橋梁、是日本所有道路的起點中心，所以旁邊有道路起點中心立碑，還標明了到日本各主要城市的相對距離。

只可惜，1964年，當日本承辦東京奧運，經濟高速發展交通道路的急速建設，高架後的結果，是將這座橋兩側美麗且展翅欲翔的麒麟給壓了下來，將精緻的金屬雕塑，高傲的風采黯然蓋住。現在站在這裡，反而要抬起頭，才看得到道路中心起點的標柱，懸立在高架道路的中間，雖然是佇立給開車在高架橋上的駕駛人看，但對於來欣賞這座美麗橋樑的民眾來說，視覺上就是有一種缺憾，橋上的民眾看不清楚，但是開車的人，也不會因爲看到這美麗的中心點而駐足。

台北的北門，過去也面臨了同樣的狀況，位在寬廣的中華路與忠孝西路之間，卻被高架橋給掩蓋了應有的風采。所幸新的市長硬是很快的將北門高架橋拆了。重現北門的完整風采，也替台北的天空再度清空了視野。

最近東京再度接辦了2020年世界奧運，東京都政府將整個交通網的建設，做了一次重新的審視。現在的高架在日本橋上的高速道路，因爲車流使用率降低，還有地下高速道路也陸續完成，於是附近市民開始發起拆除高架道路的運動。台北車站前引道的拆除，就是一個好示範。

這個運動是希望將河面上的天空歸還給日本橋，希望再次讓日本橋的美麗雄姿重見天日，也讓原有的河景視野，能夠更加寬敞美麗。這個運動現今正如火如荼地展開聯署的活動。身爲外國遊客的我來說，在走過這一座美麗的橋樑後，佇足在橋上抬頭看著灰色冰冷的高架橋，也真的希望這座高架橋能夠消失，好讓這樣一座古典美麗的橋梁，能再重見天日。

我小時候住在淡水河邊，印象中的光復橋是日據

時代建設的昭和吊橋，是一座具有美麗結構的鋼索吊橋。但是隨著經濟的發展，台北板橋間往來的車流量漸漸大增。所以我小時候爬上爬下的土堤防，還有楊柳夕陽也不見了，取而代之的是現在紅色方正，線條僵硬的大橋，雖然也是吊橋，但卻已經完全失去了柔和，取而代之的是剛毅的工藝卻稱不上有美感。幸好中南部還有一些舊有的鐵橋給保留了下來，讓我們有機會重新審視古典美感存在的必要性。而日本橋就是有這樣的風采留給後人欣賞。

走過了日本橋的路標中心點，你會看到一棟三角窗大樓，則是另一家百貨公司，這也是一家歷史悠久的店家了，乍看有點像是紐約的熨斗大樓。但要講的不是這棟大樓，而是再往下走的一個新區塊，叫做室町。這個區塊也是都市重整後完成的一個商業區段，由五棟大樓連接而成，通稱「室

傳統工藝備受重視的日本，政府一向不餘遺力保護傳統工藝的續存與發展。而民間設計也大量利用這樣的元素，融入於設計之間，不管是建築設計或者是室內設計皆然。

町DECORE」，有些有空橋相串通，但並不是完全相連。但裡面逛起來就相當有趣。

室町商業大樓區域，是由政府民間組織與當地民眾合力完成的一個再生區域。爲的是活化日本橋區域。然而這五棟建築設計都截然不同，但有異曲同工之妙，所以有其統一性。除此之外，每一棟大樓的層樓設計元素也都不一樣，這才是我要告訴大家逛這一區塊的重點。

日本是個很重視傳統工藝的國家，相信這是大家都很熟悉，也是很令我羨慕的一件事。在這個商場，你可以看到他們將鐵工、陶瓷、木工、泥作，還有布料…等工藝，融合並應用在室內設計的視覺上，運用最原始的方法做一個主題，並完整地呈現在牆面上。而且在牆面上說明了這整個工藝材料的來源與工法，還有在設計上的運用方式。

民眾可以仔細看，並用手撫摸，體驗材質的觸感。對於一般民眾來說，這是一個極爲容易了解傳統工藝之美外，也告訴所有的人，這些基本材質如何在室內設計的搭配運用下，以最原始樸實的面貌，展現美麗的排列組合。室町，讓商場不再只是個商場而已，除了吃的、用的、穿的同時，你都可以觸摸牆面上的材質，並且仔細地去看每一種材質的施工細節。這些工藝是需要花多少時間，還有何等的細心與耐心製作下，一個動作一個步驟才能呈現出來的一個公共空間。毫無掩飾！

這一小段路，仔細地看下來，恐怕不是日本橋跟京橋這一小段距離而已。這其中，還包含了都市區域再生與活化的重新審視，還有幾百年下來，建築與工藝的呈現。100 年對我們來說或許很長，對地球來說或許很短，但對美麗事物的思考與保留，還有重視傳統工藝的精神，就不是你花個幾

小時，看完這一段路上所展現眼前的實體而已。我們應該可以更深入思考，看看自己的家鄉，有多少的傳統建築與傳統工藝，應該再重新被重視，該如何保留現有的工藝技術，還要設法傳承後世，然後讓這些傳統工藝與藝術有機會再次被發揚光大。

如何前往

銀座線、東武鐵道（SKY TREE Line）、都營淺草線

城市觀察

09

淺草站、上野站

充滿新活力的懷舊下町——從淺草觀音寺看到龍山寺

每個都市都有屬於他們自己的過去，隨著經濟發展的趨勢，老舊市區的規劃困難，不如將未開發的區域做為新興發展的市中心，以牽引都市發展的平衡，就如台北的西區，跟後期發展，現在的現代東區一樣。而龍山寺所在的萬華，就跟日本東京的淺草寺很相似。

到過或沒到過日本的朋友們，可能都常在日本觀光的宣傳上看到「下町」兩個字。其實下町，白話一點來說，就是我們口中常說的「市區中老舊的，有古早風情的區域」。再簡單舉例來說，就有如我們常提到台北的老市區，像是艋舺或萬華，或是最近常被提到在龍山寺附近的剝皮寮，還有迪化街…等，這些都可以說是我們台北的下町。

通常這種區域，建築物都較為老舊，或許有些建築還具有歷史文化背景而被保存下來，有些則也已經改建將近五十年以上的老舊公寓。但最重要的，還是那一種你無法用言語形容的人情味，像是空氣般地飄逸在我們的身旁，還真有點難以文字或物體來形容這種所謂的「下町風情」。

就我們視覺上所看得到的建築來說，大多數絕不會是新式建築物，而比較是印象中傳統的型態。無論在台北或東京都一樣，老舊社區大多不會位於市中心，因爲早期都市人口聚集的條件，大多是起緣於商業行爲，或是貨運方便的集散地，所以河岸旁最容易留下這樣的老舊區塊。淺草寺跟龍山寺也是一樣，淺草寺旁邊有隅田川，龍山寺旁邊就是淡水河，還有因爲人群聚集而有祈求平安的宗教產生，淺草寺也因此存在。

在全世界的大都會，其實都會有新舊區塊之分，要看一個都市的發展，一定要從新與舊的區域比較做觀察，才容易看出一般民眾生活的演進。因爲這都是支撐一個都市文化的基礎，也是敘述都市歷史的重要依據。一個沒有所謂下町的都市，恐怕也不太容易吸引到一般國外的旅遊及觀光客。畢竟要講進步，或者是所謂的現代化，也都是比較而來，而不會是從天而降、憑空出現的。

一個都市的新興區域，通常都會被大肆報導，有新的概念、新的建築，還有新的居住或是商業機能。但是老舊的區域，卻往往很容易被忽略它過去存在的價值，但是文化背景其實是最不花成本，也是最好的一個觀光賣點。

通常，初次要到日本東京的人都會問，有哪些地方是一定要去看的呢？我想很多人，包括日本人都會跟你說，一定要去看看淺草，因爲這裡就是東京人口中一定會說到的「下町」代表。你只要搭上古老的銀座線，坐到終點的淺草站下車，然後順著中文簡繁體字，及英韓文的箭頭指示標示走，出了地面，再跟著一堆人走，你就會看到一堆人，聚集前面猛拍照的雷門燈籠。不管是晴天或是陰天，你一定會感受到一股老老的空氣，那就是大家口中所謂的江戶風景，下町的一種空氣。

其實這也是真的，淺草是個老地方、近隅田川，凡是在東京唸日語學校的同學們，都會在規定要安排的文化參觀課程中，去逛逛淺草觀音寺。在日語學校教到所謂的江戶時期或是下町文化時，大多就是帶到淺草參觀。老實說，我在日本那麼久，還真的去過好幾次。爲何？除了是學校必定

的校外教學外，還有很多的活動會在此地進行。夏天有著名的隅田川花火節，這在東京是個很重要的夏日活動，不知曾幾何時，連台北都要在淡水河畔辦起這種類似的活動，還有台北的年輕人會想要穿著夏天的浴衣，很有趣地想把這樣的活動搬進到台北，即使我覺得在台北穿浴衣很像是cosplay。

還有一個活動，在淺草佔有一個很重要的地位，那就是類似巴西嘉年華的淺草森巴舞蹈祭。這個活動應該是跟世界大戰前，日本有大批的移民到巴西討生活有關。這應該就是在這個老區域，卻有著那麼火辣的活動，這不是日本傳統文化的一部份，但因爲時空背景，就算是外來的文化，久而久之，也成爲了淺草很重要的祭典之一。

現在假如再被朋友問到相同的問題，我依然還是台灣也算是一個多重文化的國家，經過那麼多的殖民歷史，除了建築物之外，卻似乎沒有留下太多的人文習慣。經過西班牙、荷蘭、清朝……等，加上日本五十年的統治，基本上都沒有人文活動的痕跡。而有趣的是，日本卻移入了許多原本不屬於日本傳統文化的活動。

會強調說，一定要到淺草看一看。看看東京所謂的下町建築及街道的風情。這裡的老建築與新建築交錯林立，雷門前的參道商店街，雖然經過了多年的改建又改裝，但仍然保存了日本傳統建築的特色，灰瓦、紅色或黑色的樑柱，以及白牆。日本的老舊建築多屬木造，即使改造，很多都還是會依據原有的形體來重建，只不過材質換成了鋼筋水泥。但對於古蹟來說，就不是如此簡單了。這些就會牽涉到古蹟修復維持的許多理念。

日本的寺廟不似台灣的廟宇，顏色那麼地鮮艷亮麗，大多就是灰、黑、紅、白四大色系，像淺草寺就是很傳統的代表之一，但寺廟裡的牆壁或天花板裝飾，就未必會輸給台灣的廟宇。淺草寺裡的雕樑畫棟、鑲金彩繪，也是精彩到不可言喻。我常笑說，日本人就是悶騷型的民族，從寺廟的建築最容易表現出來，極爲樸素的外表下卻有著

金碧輝煌的內在。

白話地來說，我就是一定要你們去東京的老市區走走看看。縱然這本書我還是提到了許多東京非看不可的新景點，但我常常覺得，不去看一個都市老地方的好，你如何感受這個都市現代化的優點何在？這樣的觀察方式，是我一向以來的旅遊主張。傳統之所以應該被政府及民眾極度重視，才有可能成爲後來大家口中所說的文化傳承。從另一個角度上來說，一個老舊的區域，之所以可以被以傳統文化保留下來，一定有其很重要的因素，這些因素當然包含了歷史進程、民俗活動、傳統技術及藝術，才會被保存下來。否則在二次大戰時期，美國的東京大轟炸，爲何還是很多重要建築都沒被炸毀？或是炸毀後又被政府重建，這中間當然還包含了很多的因素，而重視建築文化的保存就是其中之一。

最近又去了一次淺草，因爲朋友一直說想再去一次，因爲這裡的步調比較慢。有嗎？或許就是因爲整個區塊都是老老的感覺，逛起來步調較慢，比較沒有什麼壓力，這感覺倒也是真是如此。但是在雷門前面，人還是一樣的多呀，大家都搶著要跟那個大燈籠照相，好像這才是真的去過東京一樣。可能遠比你去看東京都廳或是書裡面提到的晴空塔更來得具有代表性一樣。你覺得外國人來台北要到哪裡拍照，才能代表出台北古老傳統文化的存在呢？

這十幾二十年來，淺草也改變了許多，多了觀光人力車，有漢草精實的帥哥拉著車，帶你繞一圈，介紹所謂淺草的下町風光，讓你知道了解東京的人土風情。雷門前還有一棟淺草觀光中心，可以在這裡索取你所想要的資訊。當地的人形燒相當有名，各式各樣的人形燒也有好幾攤，或是賣點

NO BATTERY
For sale in japan only
最具日本传统特色的纪念礼品
Memories of Japan
¥670
¥1620
¥1940
¥1940
¥1080
¥1940
Japan Endless Discovery

老市場或老商店街，沒有不好。硬體要時常維護修改，才能與時俱進的保持乾淨整潔以外，人情味並不會因為改造而消失。但是建築物的拆除與改建，卻很容易讓原有的市場機制消失，因為利益的重新分配，或是政策方向的錯誤，打散了原先存在的人情風味。

簡單的和服給老外，還有各種的日本飾品，從帽子到雨傘，從招財貓到傳統和菓子，這些紀念品在日本各地都少不了。但你會問我說，有哪些是沒有太大改變的？我會說，許多具有傳統風情的商店都沒有改變，比方幾十年的老咖啡廳依然存在，傳統市場的老店也還存在，還有雷門走進去的那條商店街也沒有什麼改變。

每次去淺草觀音寺，我就想到從小長大的艋舺以及附近的龍山寺。小時候，龍山寺的夜市是我生活很重要的一部分，那裡有好喝的楊桃湯、有美味的鱔魚炒麵、粽子…等，可以列舉出太多的美食。原本龍山寺對面的夜市，是龍山寺很重要的一個活動的腹地。我這樣說好了，這整個大區塊就是一個最早、民以食爲天的觀念，因爲艋舺原本就是個古老港口，還有華西街的紅燈區，整個的氛圍就是一個原有庶民的生活寫照。

但是一個政策的偏差，沒有考量原有庶民文化應該如何受到保存，夜市硬生生地被改成公園或是地下街，打散了這些店家，原本應該在地面上的活動，硬是要民眾往地下活動。改變了嗎？真的改變好多！因爲一個白天夜晚原有的各種活動的腹地不見了，身爲台北市最古老，具有兩百多年歷史代表的寺廟，硬是被砍掉了一大半附屬的腹地。而改建後的公園不像公園，樹蔭綠地似乎也不夠茂盛，因爲隔著一條馬路也無法成爲寺廟的腹地。

還好，右手邊還有一個以殺蛇聞名的華西街觀光夜市，晚上還有一些傳統叫賣的活動。以前總覺得這些叫賣的表演是在騙人，而現在則覺得叫賣原來是一門口傳技術，而且已經是一門民間藝術。這裡還有一些留下來的小吃店，還有一些令人現在看了很懷念的柑仔店。過去你或許不會想政府的政策應該是「與民增利」，而不是「與民爭利」。

要去看一眼或去買一些，但你現在再去一趟，你可能就會下手買一兩樣小時候懷念的童玩。而淺草區塊的保存，卻依然存在這些看得到、聞得到及摸得到的庶民文化。

東京淺草寺與台北龍山寺看似很相近，但差異性卻非常大，雖然拜的是不同的神明，但一樣是香火鼎盛，可是來往的人潮卻相差很多。我每次走在淺草寺，跟帶著外國朋友逛龍山寺，總是不免會想，兩者的發展到底差異性在那裡？過去想了很久，現在看了，還是一直在想…。

東京トータルライフクリニック
文七

NEW
#new

城市觀察

10

東京車站、
上野車站

整個東京就是大型美術館

細節用心與美感養成的都市風景——

商業活動的興盛與否，跟廣告量有著不可分離的關係。景氣越好，廣告的製造量越大，也會越精緻。有時或許廣告量沒那麼大，但至少維持一定的設計水準，是在東京逛街最有趣的一件事。

到東京的人，很多人都有眼花撩亂的感覺。走在路上，到地鐵站，或是逛地下街，或者像山手線般的路面電車，無處不充滿大型看板及宣傳海報。不管是商品的上市新發售，或是品牌的形象廣告，還有電影宣傳以及演唱會的看板，這些都屬於平面設計的一環。不僅於此，路上的指示標誌，也是平面設計的一環，這些大小事的設計，也會關係到你我走路逛街順不順、可不可以流暢地到達目的地。

另外一個要看的，就是各大百貨公司的櫥窗。我在設計學校時，有一整個學期上的課是櫥窗設計課程，而課後作業作品就是要提出一個實際存在的百貨公司櫥窗設計。百貨公司櫥窗的設計，不僅是當季商品的介紹展示，重要的是呈現出這家百貨公司的精神，還有如何鎖定當季的特定客層。所以除了逛街時到處可見的海報外，百貨公

司的櫥窗更是不可忽略的一環。

前兩年，我到東京散心。想說，好久沒去探望我的日本語學校，跟我日語啓蒙的老師們聊聊天。順便回去懷念一下剛到日本時，每天走在教室與打工餐廳那段幾百公尺的大馬路。乘上銀座線，坐到御苑前站下車，看到了剛好開展的東京設計週。心想，我這個做設計的，好像從來沒有真正去關心過一下，這些所謂大城市所舉辦的設計盛事，真是害羞，其實我連台北設計週都沒去看過。但是一想到接下來，台北在2016是設計之都後，著實有些慌張。你，你，你，還有你！不會緊張嗎？然後台北設計之都就這樣過去了，我們生活周遭的環境美感有改進了嗎？或許還要一段時間才能呈現出效果，或許就這樣一筆帶過，甚麼都沒發生。

甲州街
for Koshu
新宿駅 ミライナタワー
Shinjuku Sta. MIRAINA TOWER
NEWoMan
ARTwall
何気ない日常をお祭りムードで楽しむ、
大人の "NEW FESTA"
気分が高まる素敵なアートを日常に
NEW FESTA
ko Murayama | 村山 留里子
w/YAMAMOTO GENDAI | 山本現代
#NEWoManART, #NewFesta
supported by clubFm

街景會呈現出一個都市的現代化狀態，民眾的生活習慣、商業活動的興盛與否。廣告則呈現出平面設計的美感，與商品推銷的重點是否能抓住消費者的眼睛與慾望。

我留學日本初期，語言學校位於青山，地鐵站出來就是時尚的表參道，往左走是各大精品名牌的安靜道路，從川久保玲到山本耀司，走到底是古董街，回轉往回走另一邊，還有三宅一生，現在更多了，有Prada…等。往右走過大馬路，當時有還沒改建的集合住宅同潤會，陰陰沉沉老味道的國宅，裡面藏了許許多多一間間的小店，一路就可以走到JR的原宿站。一路看美麗的事物，日文沒唸得多好，名牌倒是認識了非常多！

後來決定續留在日本把日文唸好外，承家母之訓，人要有一技之長，肯做就不怕餓死的銘言。英文系畢業的我，一直深信英文一定不是我的專長！而從小學到大學花了點時間學習水彩油畫，所以我毅然決然，跟隨自己對於美術相關的興趣，決定改行唸室內設計。那時我住在西武池袋線上的練馬，每天要經過池袋的西武百貨其實日本人自己也知道，許多非傳統的日本節慶或是西洋節日，經由企劃能力高強的日本商人之手，久而久之就成為日本人過節的習慣，進而提高日本人的消費欲望。

跟巴而可（現在年輕人到日本才會知道 PARCO 吧！？）。唸設計時，學校剛好在新宿西口，天天要經過小田急百貨，所以不誇張，我幾乎天天在 window shopping。

大家都知道，日本人很會過節慶，從年底跨年到過新年，一直過到年尾的聖誕節。舉凡日本的傳統節日之外，東方的也好，西方的也來，所以他們的百貨櫥窗，三不五時因爲節日而煥然一新。常常在走路的同時，就是在看一個大型的展覽，同時也被告知接下來你該過什麼節日。

東京的百貨公司本身的形象櫥窗廣告也好，各大精品的專櫃櫥窗也好，都有很多主題性的展示商品擺設。反觀台北，店面很多，但櫥窗就真的少得可憐的，台北的百貨公司越來越多，但可看的櫥窗好像沒幾個。有看頭的都是精品名牌，見不

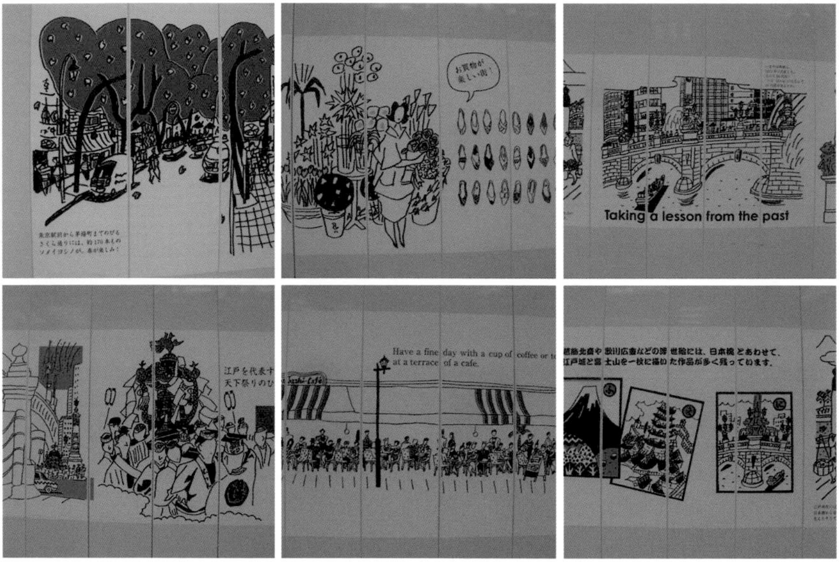

到百貨公司自己的商業精神，或是明確地展示想要獲取的客層。

你在東京看到的當然不會只有這些，凡舉地鐵車站，地下通道，隨時都有產品的大型海報，大到很過癮的還可以一起合照。前陣子印象最深的就是那個在樹下喝茶的金城武，在新宿丸之內線的地下通道，滿滿等身大的海報，重複地貼了三大面。不止如此，凡舉大型連續劇要上映，或是很重要的博物館展覽，處處可看見超大型的海報設計，還有歌手發片，演唱會的宣傳海報…等。

大家有機會可以比較一下東京地鐵，不管是路上的，或是地鐵的車站，活動海報，商品海報，絕不會像台北這樣，感覺上是草率了事的感覺，非常可惜。即使是某人的獨奏會，或是演唱會海報，甚至是大咖歌手新專輯要發行，一旦要做成廣告，

每張海報都會經過精心設計、精美印刷，轉化成一種視覺的享受、一種能放在美術館展覽程度的設計作品。我每次看到喜愛的海報，都有一種想要偷撕下來收藏的衝動。我就曾經忍不住跟賣煙的大嬸，要過一張高倉健爲知名煙品拍的海報。

最近爲了一場會議，飛到東京當日文口譯，剛好下榻在日本橋附近，就位於大家可能比較熟悉的高島屋百貨日本橋本店不遠。我想說在日本那麼多年也沒去過，走過去也不花幾分鐘，於是就撐著傘，在綿綿細雨中一個人散步。

驚人的發現是，百貨公司面臨大馬路的四面大櫥窗，展示的不是商品，而是花道草月流的展覽宣傳。一個偌大的櫥窗，當成一個插花的花器，展示出來的作品，是如此的豔麗驚人。雖然是去逛百貨公司，但這根本就是在馬路上辦了一個大

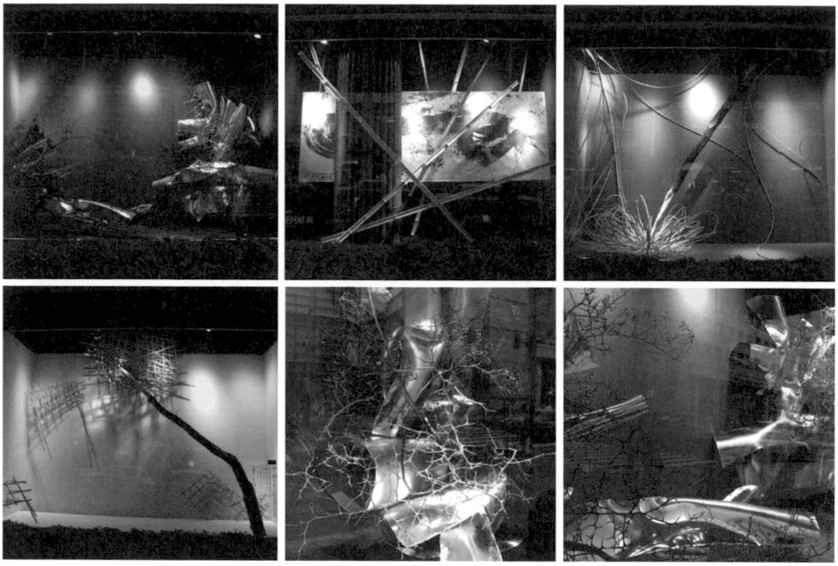

型的花道展覽。就算你不打算上樓花錢去看展，只是站在路邊仔細觀賞，就足足花了我大半個小時。真是美！就是都市的一景！而這只是其中的一個例子。

反觀台北，仔細想想，除了大品牌，會定時撤換跟全世界統一概念的櫥窗展示外，你有看到什麼其他的櫥窗廣告嗎？我們捷運的廣告都太過於直白，我想直白不是不好，而是缺少了「直白裡應該含有的設計感與美感」，這部分很難用言語來形容。至於商店街的設計呢？小店家大多也沒有想要丟大把預算好好地設計一下，除了公設的展示是用政府預算，還有越來越進步的感覺，那民間的部分呢？似乎還沒有這樣的覺醒。

大家有機會到東京時，真的要到處走走看看，不需要趕來趕去，尤其現在的年輕人大多以自由

相較於東京，感覺在台北的廣告設計與製作都各於預算製作。也容易歸咎於市場的大小不同。設計費或許有所不同，但設計的精緻與思考可能就不太是費用上可以衡量的基準點。

社或旅行社的季節觀光宣傳海報，每個地方縣市觀光的景點海報，或是政府形象宣傳海報，防止犯罪的海報，小區域的祭典海報…就知道我想說的是什麼了。

對了，我一直感受到東京就像是一個藝廊一樣，在大型的車站，像是東京，上野，只要是JR線的，都會依照季節，有許多大型的旅遊看板，不管是攝影也好，印刷也好，還有他們的宣傳標語，都會牽動你我那想要去旅行的心情。簡單地來說，這就是廣告跟藝術最好的結合。

逛東京，能充分感覺整個城市就是大型美術館、設計中心，根本不用專程去看什麼設計師週。只要注意有哪些新舊設計師的作品，固然是明顯的目標或目的，但設計是隨時映入眼簾的影像，不會只是擺在特定的空間才叫做展覽。

如何前往

山手線、銀座線、日比谷線

城市觀察

11

淺草站、合羽橋

美感建立從一餐飯開始——方圓之間的餐桌美學

吃飯很重要，因為民以食為天。然後，有得吃就開始講究吃什麼，除了好吃還要好看。所以，餐具真的越來越重要。

說到日本的吃，大家對於日本的食物都已經頗爲熟悉。不管是在台北掀起一陣陣熱潮的拉麵，或者是我們已經很熟悉的迴轉壽司，甚至是到高級一點的日本料理店，或者是居酒屋。大家可能都會注意到，即使在台北，日本料理店所用的器皿，比起我們中國菜的器皿都要來得講究或者是多樣化。

這種講究，不是用多高級或多有名的品牌碗盤，而是講究「食物與器皿之間的關係」。這當然也是一種設計，設計有關於食物與碗盤之間的關係，一個是主角——食物，另一個是舞台，也就是盛著食物的碗，盤，筷子，還有旁邊的小碟跟各式各樣的道具。

日本人什麼都講究規矩，也講究美學，連吃飯也不例外。我們也會用筷架，但用得少，而且筷架

的形式沒有日本人那麼多的變化與設計，像是魚的造型或是丸子串的樣式，也有紅葉或銀杏葉的筷架。筷子就更不用說了，東京就有很多筷子的專賣店，長的短的、漆器的、竹子的，光是選一雙筷子都可以讓你眼花撩亂，不知從何下手。還有飯碗也是，夫婦飯碗、設計過的和風飯碗，光是一個美麗的飯碗，就可以讓白米飯的好吃程度加倍。

更不用說，當我們有機會去日本料亭吃高級料理時，請你注意端上來的每一道菜。只要是講究的料亭，一定會經由服務人員一一解說菜的內容之外，有的師傅還會解釋器皿的來源與設計，還有如何跟當天菜色做搭配，這些都是餐桌上擺盤設計的一環。我相信許多人對於日本料理的內容，常會覺得視覺大於味覺，其實不然，應該是說，有了視覺上的享受，是師傅用心上「色」烹調食一個單項的器皿或碗盤，表現出對於食物的尊重，也是一種生活態度。經由吃的藝術，傳達一個民族對生活美學的要求。

材先加分，讓食用的人也更想要用心地品嚐。「香」則在眼睛欣賞擺盤後，順勢所聞到的菜香，引誘我們動筷入口，然後慢慢、仔細地品味食材新鮮的「味」。這也是爲何日本的器皿會有那麼多樣地變化，一切都只是爲了尊重食材與吃的原義。

每回我的朋友到了東京，其實大多都會問，有哪裡一定要去吃的？我都會說，隨便走走都可以吃，除了中華料理，都好。要說東京是個美食之都，我覺得比起我們台灣來說，應該更有這個資格。畢竟，米其林的星級評價，在亞洲是從東京做起，卻不是我們自己一直自稱台灣美食開始。再怎麼說，要成爲國際都市，絕不是一天兩天，或是靠一個美食項目就可以做得到的一件事。這裡面還包含了許多的服務細節，室內設計的氛圍，還有菜色的精美與否，才能成就出一種吃的文化。

大家都說吃是一種文化，從吃的食物內容到吃的形態，的確多少可以判斷出一個國家的生活水平。每個國家都有美食，但是否成為一種令人讚嘆的文化，則有許多的面向。「和食」已經是世界文化遺產之一，但中餐卻只是亞洲菜系之一。

一般來說，到東京旅行，除了走馬看花之外，最重要的還是吃，因爲不吃就沒有力氣走到下一個景點，都來到貴寶地了，當地的食物一定要多看多吃。我記得小時候要去日本玩之前，我哥哥都說，不用怕看不懂日文，很多店家門口都有模型，大不了把店員拉出去，用手指一指就沒問題了。要知道日本的食物模型製造，也是馳名世界，甚至於做成小小的鑰匙圈或是小模型供人收藏把玩。

沒想到指著食物模型這招，到二十多年後的今天，依然管用。我也都跟初次要去東京的朋友說，不懂日文沒關係，車站是漢字、吃飯有模型，不會日文也沒關係。想說說不出來的，寫中文，應該也多少通一點，再不然就是站在吃飯或吃拉面的買票機前，隨便按一下，就當做是抽獎，冒個險也不錯！

話說，會吃不一定懂得煮，但會煮的通常對吃都有一定程度的研究。你會問我是屬於那一種？我會說，我只要不是太難吃，我大概都吃得下去。但是說到煮，也不是不會，畢竟是在台灣傳統大家庭裡長大。一家十幾口，同一個屋簷下，看著祖母、媽媽、嬸嬸們，每天在小小的廚房裡忙進忙出，家裡隨時是一大桌菜，放在桌上。每個大人小孩都忙進忙出，沒什麼人管吃飯時間，所以晚下課，回到家也是要自己熱菜來吃。至少，要從生火到煮菜這件事，還難不倒我。煮得好不好吃，但看個人的功力了。

但有件事，我是一定要說，那就是吃飯的傢伙很重要。包括從桌子，椅子到鍋碗瓢盆，都很重要。到日本吃飯，除了吃飯外，就是看看他們在餐飲上的擺設。不管你去吃拉麵也好，或是吃一套定食也可，其中一餐，還是要多花點錢，去吃一餐

從居酒屋到高級懷石料理，你會發現從一雙衛生筷到醬油瓶的擺法，日本人都非常地講究。這是從人的動作習慣概念而來，而不是隨便擺整齊而已。

好的日本料理或西洋大餐，趁機仔細觀察一下日本人對餐具的設計與觀點。

首先，是坐下來時，我們很習慣會先拿筷子，可以先看看筷子的包裝，或許很簡單，就是白白的和紙套子，或者是有印著店家標誌名稱的紙套。這些都是從沒有設計，一路走到有設計可以看到的地方。再來，可以看看菜單，很多食堂的菜單都用手寫，而且不在少數，大家可以去小一點的居酒屋，尤其是那種門口亂亂的居酒屋，手寫的菜單很多，是不是大量印刷的，也不難察覺。即使牆上已經掛滿了木牌寫的菜名，光看那氣勢，也是會讓人從不知所措、不知從何點起到翻牌點餐。這些都是到了他國異鄉，觀察一般人民對於外食的重視與否。

一個重視吃的文化的國家，基本上都會注意到一

設計因生活需要而產生，於是更容易體認到「設計就在生活中」的一種概念。生活是無時無刻在產生變化，所以器皿的設計也就無限地產生。

些小細節。更何況「和食」，也就是日本料理，都已經成爲世界文化財產。光是前面所提到的鍋碗瓢盆之外，還有許多廚師強調使用當季盛產的食材，甚至是小到只用某產地的當季材料，我們大可看出一個國家文化講求細緻的地方，日本就是這樣的一個處處講究的國家。而台灣現在也漸漸重視，並且一步步朝向這樣的一個境地前進。

有一點很有趣的地方，就是日本餐具的發展，似乎比我們發達許多。日本人處處都可以講究，從筷子到小盤子，琳瑯滿目，要怎麼選怎麼買，大概都可以讓你選得開心，買得愉快，重點是有些還真是不貴，甚至於比你想像中的還便宜。

東京的合羽橋，就是一個這樣的地方。或許去過的人就知道，也不過就是一條大馬路的兩側，整條路都是與廚房或餐桌上相關用具的地方。大到

快速爐或是小火鍋，大如臉盆吃麵的碗公，小到醬油盤子，還有筷架。甚至還有一些，其實我也真不知道可以拿來裝什麼的大的、小的、方的、圓的，還有長方型或不規則的盤子，在合羽橋都可以找得到。我常說，要開一家店，這裡走一趟，從專業廚房到桌椅碗盤，一次搞定。連看板或擺在外面粉筆寫的立板，都可以買得到。

前面說過，煮菜的人不是只會煮，煮好了，放在什麼樣的碗盤，也是一種學問。或許因爲我是學設計的人，用眼睛所看到的美感，可能遠重要過我對食物是否好吃的期待。盛放的器具的確會影響食慾，我想這句話，大家應該都會同意。於是乎，重點來了，我很會買餐具，遠過我會煮菜。

每次逛合羽橋，最大的慘況就是，買到快提不動。我大多以買碗盤爲主，大家都知道，一只碗不會

太重，但當你買到五個碗，三個盤子，再加上幾個小筷架跟一兩雙筷子，那就不是可以提著再去附近的淺草也好，或是隅田川散步的重量了。

由於合羽橋是個餐具批發市場，所以各式各樣的餐具及廚房用品，在這大多可以找得到。有些地方是擺到滿出來到人行道上，常常店裡也是窄到讓人走進去會心驚膽跳，因爲很怕轉個身，走一步，就把旁邊擺得搖搖欲墜的餐具打破。但也因爲這樣，更有一種可以讓人光明正大尋寶的感覺，而且很重要的是，店家通常不太會打擾你參觀，所以只看不買也沒關係。

假如，你對廚房的各種小事有興趣，或是像我這樣，平常家裡只有兩個人，卻有著幾十個碗，上百個各種不同的盤子，你一定要來合羽橋逛一逛。或許不用花太多的錢，就可以買上一套日本

想要生活著重變化，就從吃東西的內容開始，到每天用不同的碗吃相同的米飯，你也會感受到不同的味道。這是吃飯器皿最有趣的地方。

定食的擺盤餐具，給自己跟家人添購幾個富有日本風味的飯碗，千萬不要忘記來這裡走一走。不一定要在百貨公司，或是設計商品店裡，你一樣可以買到你理想中的鍋碗瓢盆。

如何前往

東急東橫線

城市觀察

12

代官山站、
蔦屋書店

東京住宅區裡的書店風景

將人文色彩納入日常——

東京是個世界級的都市，生活方便，交通發達。但一般生活區域與商業活動區塊，並不會互相干擾。先進的都市與生活的人民，總是會將生活與工作做某種的區分，這樣才能保持一個真正優質的生活品質。

一直以來，台灣對於住宅區與商業區的區劃，總是不很清楚。從小到大，我在萬華長大，旁邊就是果菜批發市場，與吵雜聲和不時飄來的氣味一起長大。高中時搬到東區，身處的是金融大街環境，早上是車水馬龍的熱鬧景象。

我直到從日本離職回台定居後，終於自己買房，現在住在山區，才總算有住在住宅區的感覺。但這卻是在所謂的台北郊區，而且是山裡頭，也只有這樣，才可能住在一個沒有太多商業活動、以居住爲主的區域，一個安靜的社區。

我們政府也一直努力將商辦區與住宅區做一個劃分。但畢竟積習已久，很多地域區塊事後要再嚴格規劃或強制執行，其實很困難。尤其像我這種台北出生、台北長大的小孩，已經習慣事事求方便，總覺得出了門，只想要走幾步路，就可以得

到自己想要的東西。但其實方便的生活，無形中也降低了我們的居住品質。久而久之，才慢慢覺得，居家環境的確會受到周遭商家的影響。

要有一個良好的居住社區，在台北或許已經沒那麼容易。但是在東京，這個我們認爲的世界大都會之一的城市，就似乎比台北來得容易許多。當然我們會說，東京地大，交通方便。但我們仍然看得出來，東京的住宅區，除了車站的周圍有所謂的商店街外，就都是寧靜的小巷，不會有太多的便利或早餐商店就在你家樓下。

既然是住宅區，商業活動的比例本來就應該較低。或許會有一些小咖啡廳，小餐廳，以及便利商店、小超市之外，其餘大多數就是住家區域。我怎麼看一個理想的住宅區？也不過就是希望夜裡安安靜靜，沒有太多的車來人往，甚至於可以

在東京，所謂的高級住宅區，並不像是我們口中的豪宅，或是高級管理公寓才稱為高級住宅區。東京所謂的高級住宅區，你可能看不到高樓大廈，但是環境優美，安靜，棟距較寬，但建築就未必是多高樓或是多大的社區。

在路上慢跑。東京有很多這樣的區域，代官山就是我非常喜愛的一個區塊。

代官山是一個長久以來，一直受到東京人喜愛的小地方，離涉谷車站只有一站之遙。涉谷耶！其實走路散步都走得到的距離。以前我在東京生活時，住在西武池袋線的練馬車站附近。所以相對地，老覺得代官山是一個偏遠的地方。印象中，那裡只是一個小小的高級住宅區，並沒有特別吸引我的地方，儘管我知道那附近有許多爲人津津樂道的獨立設計師的服裝店也好，家飾店也好，卻一直覺得，那不過就是東京到處都有的小站，不足爲奇。

直到前年一個大型的書店出現，讓我不得不重新審視代官山區域。這個地方不只是一個住宅區，而是你到東京觀光一定要去看看的區域。爲何可

在高級住宅區裡，設置一個書店的旗艦店，要顧及的不是建築的華麗，而是強化原本環境一些人文的色彩，而且不會影響到原區域的生活品質。並可以打破民眾對於高不可攀區塊的印象，可能還可以提高民眾對於生活環境的改觀與要求。

以是人人稱羨的高級住宅區，卻又有著人人稱讚的小店家，甚至於還是日本最大出租店，選定於此落腳的第一家旗艦書店？

我們的誠品書店，算是世界聞名的書店。我在日本許久，早先覺得日本的書店，就算是紀伊國書屋那樣的規模，仍無法跟我們的誠品可以相比擬。直到這個以出租光碟、販賣二手書與二手影帶光碟起家的蔦屋書店出現。除了是在代官山丟下一個震撼彈外，也爲日本的書店帶來另一個視野。蔦屋書店讓代官山不再僅僅是一個高級住宅區外，更爲這個社區帶來了濃厚的人文色彩與氛圍。

早年，蔦屋書店（TSUTAYA），是一個以平價出租，買賣二手書或影音產品的小店，躲在東京的各個地鐵站前，及住宅區的巷弄裡，到處可見。我也常會去尋寶，找一些二手書或是二手CD。

在東京人的生活印象中，就像是我們台北的的影音出租店。

但是，代官山的蔦屋書店來台北向誠品書店取經，重新塑造東京人們對於蔦屋書店的刻板印象。他們用了好大一塊區域，僅以四棟兩層樓高度，統一風格的方塊建築，塑造了東京唯一一家包含了書店，影音商品還有 Café 的複合式書店。而且就位在代官山這個悠閒住宅區大馬路的旁邊。

代官山的蔦屋書店，整體就像一個公園一樣，建築與建築之間以綠意穿插其中。外面的走道，與旁邊的許多餐廳，保持了一定的棟距，卻也一氣呵成。來這裡看書，成爲了另一種享受，我想受惠最大的人，莫過於代官山這個區域的居民。

縱然蹲坐走道，或是端坐在階梯上看書，無損於讀書風氣，但似乎總是少了一種讀書人應有的禮貌與氣質。所以這個責任在於我們愛書人的行為，還是書店的設計呢？

蔦屋書店跟誠品書店最大的不同地方，就是書店在不同的區塊，設置了空間占比相當多的座位區。你可以拿了架上的書，坐到一旁來專心的閱讀，不會影響到走道空間，以及其他正在選購書籍的人。或是你也可以到二樓的影音區，這裡也有一區一整排的 CD 唱盤，可供你坐下來，靜靜地試聽書店所推薦的音樂 CD。

這樣的設計，不會像我們逛誠品書店時，走在走道上，老是要小心翼翼，避免去踢到隨便蹲坐走道上看書的愛書人。老實說，坐下來看書，真的有氣質多了。當然，我也發現，現在的誠品，也開始設置了許多的大桌子及零星座位，但比例上仍然不高。不足以讓看書與選購書籍的人分開，互不干擾，讓真正的愛書人拿了書之後，可以好好端坐著看書。

代官山的蔦屋書店，跟早期的誠品書店很類似。只不過現在台灣的誠品，已經流向百貨型態經營，早已失去了以書店爲主的氛圍，那種安靜的氣質，在台灣或許已經流失，但在這裡卻有過之而無不及。而且是在一個區域廣泛的住宅區裡。

我最喜歡蔦屋書店的地方，是位於二樓的 Café。整個空間的設計就是個溫暖的大客廳，或者你可以說這是一個公共書房。偌大的空間裡有舒適的沙發區塊，也有咖啡廳般的桌椅。中間的服務吧台四周，以真正的書籍堆砌而成，服務人員穿梭其間。

整個空間以深咖啡色調塑造安靜，會想要讓人在這裡靜心看書，或是小聲的討論。但對我來說，卻是個雜誌迷的天堂！因爲整個裝飾用的展示櫃上，整齊地擺滿了許多日本創刊數十年的雜誌，即使紙本書籍一直受到現代網路閱讀的影響，一時銷售量下滑許多。但科技終究敵不過人類許多長久以來的傳統行為，紙本閱讀習慣，仍是閱讀的主流，這一點也是不容否認的事實。

有些是我也閱讀了十幾二十年的雜誌，而且是從創刊號一直到當月的蒐藏。

我自己從二十多年前在日本唸書開始到現在，一直沒中斷閱讀日本的一些設計雜誌，像是台灣近年來也廣受歡迎的BRUTUS、Casa BRUTUS，PEN等雜誌…還有日本版的VOGUE，ELLE DECO也是。像是BRUTUS雜誌，我手邊也蒐集閱讀幾乎二十多年了，但看到擺在架上的一整套，我未曾來得及參與的日語時代，都在這裡一一觸摸得到（其實書架上寫著：請勿動手！），真是興奮得不得了。

不說別的，光是這些知名的日本雜誌，擺出來的氣勢，就足以讓我花上一兩個小時，好好地繞上了一整圈！間接地也讓我們知道，雜誌在日本民眾的閱讀生活中，所佔比例是有多麼地高，即使

現在科技的進步，紙本印刷的雜誌銷量下滑，但仍無法否認，雜誌在一般人的生活中，的確佔了很重要的閱讀地位。

逛累了，書店的周遭有許多的小餐廳，但千萬別在中午時間過去，因爲上班族的人也太多。你大可以過了中午，避開人潮，好好享受一下書香的時光。休息夠了，再往回車站走，你可以鑽進小巷中繞繞。看看這些住宅區的外在，以及日本人對住宅保持的狀態，生活的習慣。

穿插在住宅區小巷中，靠近主要道路邊側，會有許多非主流或獨立設計師的服飾品牌及飾品店，安安靜靜地站在路邊，等著你慢慢去欣賞與尋寶。你可以在代官山，喝一杯書香下午茶，而不會被像是在現今吵雜的誠品，受到過多的干擾。

對了，最後提醒，大家不妨比較一下，蔦屋書店跟我們的誠品書店，有哪些的不同，除了我上述的一些地方之外，你還會發現，我們似乎會想要找回原來的誠品！假如，在一個住宅區裡，也有這樣一個大書店的話…。

近年來，蔦屋書店不斷的展店。他們也從獨立建築的書店，還開了以家電爲主的店面。然後也陸續地在東京以外的城市，像是京都大阪…等地，以相同的經營級空間概念進駐到百貨商場。最近開幕的一家，就在東京的銀座 G SIX 的六樓。不管在哪裡，都可以讓民眾坐下來閱讀，或是喝咖啡休息的空間比例都達到四分之一以上。這對於一個選書閱讀的顧客來說，真的是一個大方的措施及福利。台北的蔦屋書店也開幕了，是否能像日本同樣，給台灣帶來過去的書店環境，還有待觀察。

THE
CRITERION

如何前往

JR 山手線、三田線

城市觀察 13

巢鴨站

你我老後的青蘋果樂園——巢鴨，一個老人家的時尚天堂

時尚流行很有趣，現在像我這種年齡的人，看父母年輕時期的穿著，反倒覺得時尚，這是一種復古風潮。就跟老房子現在成為注目焦點是一樣的道理。但是長遠想一想，我們年輕時逛的西門町，年紀漸長的我們現在可以去逛哪裡？

無論誰都有青春、誰都會老去，在書裡跟大家談了好多時尚跟設計，但大家卻似乎都忘了，自己也會有老去的一天。我們年輕時常逛西門町，因為那當時是我們年輕青春的時光。大家以前還有中華商場可以去逛，去找屬於我們的定製制服，去找屬於我們的流行音樂，就如近年來黑膠唱片又開始流行一樣，我們還可以跟著爸爸媽媽去吃屬於他們那一代的家鄉味。

年輕時我們到東京，眼裡盡是原宿，新宿，代官山，下北澤。忽然有一天，我們發現這些地方的服裝，不太適合了。對於進入社會工作的我們，好像已經有點太年輕，然後開始注意穿著。或許我們會進入到銀座或青山、表參道的名牌設計款，尋找到屬於自己成熟一點年紀的衣服，然後就走入了另一個時尚階層。所以我們還是會一直長大再長大，不管是精神或肉體，當看著相對於

我們年輕人的時尚，或許我們就該再來找另一階段的衣服來穿著。時尚也是必須跟著自己的年齡增長！

話說巢鴨，在東京久居的朋友大概都知道，或者聽說過這裡是屬於歐巴桑跟歐吉桑的時尚天堂。這樣的說法，其實我認爲是給日本老人家一種至高的讚賞。長久以來，到過東京走跳的人，大多會注意到日本的老人家，不管是歐巴桑或是歐吉桑，都還是很注重自己的穿著。

在我當完兵退伍後一星期，就到東京找我娘親，距今 30 年前，我印象最深的，就是走在東京的街道上，不時會看到步履蹣跚的老婆婆，卻頂著一頭淡紫色或粉紅色的頭髮，穿著端莊的套裝走在路上，一點都不輸年輕人的花俏妝扮。當時的我，還覺得日本的老太太們真是有精神，而且很大

膽，頭髮染的顏色可不像我們那麼一般。不太像我們台灣大部分的伯父伯母們，那麼隨興穿著，或是沒那麼注重穿搭的技巧，一味地覺得老了，何必妝扮。後來他們才告訴我說，那就是當時染髮劑的效果。

坐著山手線，大家也都知道池袋是年輕人的區域，知道這裡有 sunshine city，有系列小說的池袋西口公園。但是曾幾何時，就東京都的統計資料上，池袋已經成爲年輕人最少的區域，而巢鴨距離這裡也不過再過兩站。下了車，過個大馬路，走在路上就不難發現，往來的路人都以上了年紀的人，而且是以銀髮族太太爲主，一群群像是姊妹淘似的嘰嘰喳喳地好不熱絡，只是歐吉桑還真是不多見。只有在傍晚的下課時間，才會看到許多中學生年輕男女孩，高聲嬉笑地走在路上。否

年紀大了，最親近的可能不是另一半，無話不說的反而可能是老朋友。

則你真會覺得好像到了老人國一樣。

從車站遠遠的，你就可以看到一個大拱門，上面寫著就是「巢鴨地藏通商店街」，非常顯眼。這樣類型的商店街入口拱門牌樓設計，在日本許多城市的主要街道上都看得到。在東京逛街就有個好處，你只要跟著人多的方向走，都可以找到你要去的地方。或許你看到的巢鴨，是個有點年紀的人的區域，跟我前面與各位談到東京的現代化，不管是建築或是走在路上的人，都有點落差，在這裡散步逛街的人都有點年紀。

不管是這裡的店家或是餐廳，也都有點懷舊風情，連擺設方式也是老舊的方式。這裡沒有太多的講究或是設計可言，當然你也可以看得出許多店家，也正漸漸凋零中，或是準備關門結束營業。

但你就是可以看得出來，這是一個給老人家方便

的區域。水果店前的價格寫得斗大，賣包包的店門口，掛足了琳瑯滿目的商品，所有的價格紙牌也都標寫得很大很顯眼，我都覺得還沒看到東西就先看到價格，連我都不禁在看到價格後，想靠近過去看看賣些什麼東西。

巢鴨最有名的小吃就是鹹麻糬，但不是真的鹹，而是甜中帶鹹。在走進商店街前，不妨買一個來吃吃看。但是這裡真正有趣的地方，是走進商店街之後開始。既然我說這裡是東京人口中老人家的時尚天堂，你應該就不難想像賣的是那些東西了吧？不過恐怕你也該想想，以後當你有一天變成老人家的時候，有哪些東西是你將用得到的？

我覺得，長期以來日本政府一直都很注意日本人口老化問題，我們近來才開始所謂的長照2.0版，想想已經落後日本二十年了吧。久而久之，我覺或許民情不同，相對地日本的老人照護也多以政府的系統運作。老人養護中心也到處都有。在面臨少子化，高齡化的未來，現在的年輕一輩，甚至是我這樣年齡的父母，都已經知道養兒不足防老，還不如在現在及未來對自己好一點。但是我們的市場，似乎還沒有重視未來有消費潛力的台灣銀髮族市場。

得日本的老人家，好像都早早就被訓練得很好，還挺會照顧自己。

或許，日本都會區少子化時代來得早，政府也一直很重視人口問題，許多老人家都在小孩成家後離開，開始獨居，早早覺悟要自己照顧自己。或許日本人的親子關係，沒有我們台灣人來的親近。至少我認識的日本長輩或是朋友之中，很多都很早就離家，也不太常聽到他們跟家裡的互動。反而是我們台灣人，或許地方小，回家省親還挺方便，而且人情味也相對的比日本重很多。

在台灣或許一直都有養兒防老的想法，我們上一代的長輩也都停留在由子孫照顧的理所當然的想法中。尤其是男孩子，在無形中被教育成一定要跟父母住的習慣，就只是爲了要照顧老人家。但現在時代的狀況已經明顯的很不一樣，因爲我們

看到陪伴老人家的，大多是外傭較多，這就是時代變遷下的一種景觀。

這類人口老化的問題，我們雖然常常掛在嘴邊，但似乎還沒到重視的地步。最近台灣生育率已經下降到世界前幾名，未來的老人家，也就是你跟我，從現在開始就該開始思考這個問題。在未來的幾十年廣大的銀髮族市場，是很需要被照顧，需要被重視，延續現今年輕人注重時尚的想法。

在巢鴨的主要商品，當然還是以老婦人的衣服爲主。你不難發現，老太太們也有他們一定會喜歡的時尚風格。只是我們年紀未到，或許還不太會欣賞。但一整區的銀髮時尚，看起來差別也都不大，那才是讓我覺得有趣的地方，真不知這些美麗的老太太們，是如何下手選擇他們喜歡的服裝呢？

年輕人的商品很多樣化，老人家的商品也應該不遑多讓才是。設計無所不在，愛美也不是誰的專利，更不是只專屬於年輕人。老人家的用品，經過設計，可以讓老人家在精神上年輕許多！這也有助於老人家在健康上的提振。

除了服裝之外，大家也會發現到，老花眼鏡也是理所當然存在的商品，很容易就看得到的東西。我都覺得老花眼鏡很重要，年紀到了，身體的老化是一件當然的事，所以帶著帥氣有設計感，美麗的老花眼鏡，接下來應該也會是中老年人的一種時尚！

但更有趣的是拐杖！我也相信拐杖這商品對老人家來說，是非常非常地重要，是不可或缺的第三隻腳。在巢鴨，你很容易找到拐杖，而且是各式各樣的拐杖，有不一樣的握把，還有許多不同的顏色，有的還是印上小碎花的圖樣。老先生老太太們，都可以找到屬於幫助他們走路的第三隻腳。這讓我深刻感受到，愛美的人，身上可以用到的每一樣東西，都可以是一種美麗的講究。拐杖也不會是例外！

還有一樣讓大家一定覺得很有趣的東西，那就是

年紀再大，也是一種外表的呈現。每個人在漸長的年齡、漸衰的肉體裡，都還會有一個長不大的靈魂。而設計也就是由此產生的原因。

紅內衣褲的專賣店。剛看到時，真的會嚇一跳，老人家真的會穿這樣的內衣褲嗎？但是我一直相信的一個定律是，有需要就會有市場的理論。日本朋友跟我說，因爲60歲生日，他們稱之爲還曆，就要穿紅色內衣褲來過生日。這跟我們台灣穿紅內褲打麻將、以招來好運，似乎有著很大的差別。只是店內還看得到哈囉無嘴貓之外，還有印著其它各種時下流行的卡通人物紅內褲。想像起來這些老太太們，內心也一定還是一位永遠的少女。而老先生的三角或四角紅內褲，則印著龍、印著虎的圖案，還有印著鋼鐵人的也不在少數。

人的肉體終究會老去，如何在讓自己在漸漸老去的過程當中，仍保有一個美麗的外表，還是非常重要的一件事。老不是壞事，但因爲老而放棄妝扮自己，那才是一件有礙市容的壞事。到巢鴨走走，或許你會發現，真實地去面對老去也是一件非常有趣的事呢！

巣鴨
マルジ
日本一の
赤パンツ
巣鴨 マルジ
03-3918-4558
MERRY CHRISTMAS

如何前往

京急線、東京單軌鐵道

城市觀察

14

羽田機場、
松山機場

不只是國家門面的多功能場域——
從松山機場到羽田機場

這十幾年來，機場的設計成為許多人口中評論一個國家進步與否的印象之一。中國大陸經濟的急起直追，新機場的不斷增改建，廣大豪華氣派，更是來往兩岸的國人，落實了對台灣機場批評的口實。除了硬體之外，服務的軟體是否更需要我們思考？

前幾年有一個機會，我參與了交通部對於公共交通建設的意見調查。當時主辦單位安排了我們一行人，參觀了松山機場與桃園機場，而且是由機場的人員專程導覽。因爲有這個機會，我們看到的是機場整體的營運與動線規劃，同時也看到了兩個機場正在努力改造的方向。

我們不得不承認，交通部的確有一點努力地在改進台灣這兩個老舊不新的國門。幾年後的今天，我仍三不五時必須進出這兩個國門，硬體上我也的確看到了一些成果。我由衷地說真的，大家都在努力，而且進步看得見，只是高頻率地仍要看到機場硬體建築漏氣一下。嘆氣⋯⋯！

松山國際機場是我從小送我爸爸出國的地方，長大後，在沒有高鐵之前，我頻繁地從松山飛到高雄、台南、台東、花蓮。對松山機場的印象，始許多人對於室內裝修，或是建築物的保養觀念並不強烈。這也是導致於台北的建築物永遠就是一種處於不乾淨的狀態下，就是因為缺乏保養概念，還有不在乎的態度。室內空間要清潔、建築物要保養，這就跟人天天要洗澡的是一樣的道理。

終覺得天花板低，又昏暗，呈現的就是一種老態。近幾年，的確不斷的改進，但似乎也只能如此了。

建築物跟生物其實一樣有生命，不保養、不更新，就是老去。就算是當年的設計再美，再好，也是會老朽，必須一直保養，才能將當年的風采保持住。我們看看總統府建築，還有許多老建築能保持至今，就在於勤於保養。可惜機場國門似乎不在之前我們審美的眼中存在，國家本來就不在國民美學上下功夫。等到覺醒時，恐怕很多事也來不及改進，加上亂七八糟的政治角力，更是拖延了美學的生命力。

後來再度開放國際旅遊，我也是從這裡出國。只是40年後的今天，剛開始，跟我印象中40年前沒有太大的變化，彷彿進入一個時空膠囊，也讓我嚇了一大跳。終於在開放國際線後，才慢慢整修，

修，調整動線，才有今天我們看到，有點樣子的松山國際小機場。我們常聽到政府說，有居民反對，有人說要廢除，還有說要擴大改建。但我們始終也都沒有動靜。但看看東京的羽田機場，我留學前，到回國十多年後的今天，前後20多年，羽田機場的變化有多大。

二十多年前，我到日本東京留學，搭的是華航，降落在羽田機場。當時成田機場已經完成啓用好久好久。我還很納悶地覺得說，真不知什麼時候才能去新的機場看看。後來才了解到，當時有所謂的反共大業、漢賊不兩立的政治背景，我們機尾背著國旗的華航，不能跟中國的航空公司同時出現在一個機場，只得降落在羽田機場。

基本上，當時降落在羽田機場反而是一件大好事，而且羽田機場的國際線，也只有華航一家。

雖然國際航站就只是個小小鐵皮屋，看起來有點寒酸，但卻也是無比的方便。下飛機快、通關也快、領行李更快，而且可以馬上搭著單軌電車，不消二十分鐘就到山手線的浜松町，一下子就到東京市中心了。

當時的成田機場，雖然夠大、夠氣派，但光是要進到市區的上野，坐 Sky Liner 就要花上一個多小時，所以許多台灣人到日本玩耍出差，大多還是會選擇華航，因為省時省事。記得當時服務於華航的大學同學就跟我說過，桃園到羽田可是華航的金雞母航線呢。但曾幾何時，現在的 Sky Liner 鐵路路線沒變，卻只要當年一半的時間——三十九分鐘即可到達，雖然我對鐵道沒有研究，但對於同一條線路，在十多年間改進，時間可以短縮一半，仍感到不可思議。我曾經問過台北車站站長這個問題，無解！而且我們一條機場捷運蓋了多

現代的機場建設，都不再只是為了飛機起降，而是必須具備其他的許多功能。是國家大門給外來賓客的第一印象，是百貨遊樂場給國人多一個有趣的去處，增加機場的收入，可以讓機場維護得更好。

少年？蓋了二十年，比曼谷機捷慢那麼多年？這才讓我嚇一跳，但總算開通了。

我離題了，羽田機場其實並沒有因爲成田機場的開幕而落幕。羽田機場先是成爲單純的日本國內航線機場，只是我們華航似乎也就沒有退出。經過一番爭議，華航的機尾巴終於從一小面國旗改成一朵大梅花之後，才又增加了落地成田的航線。

二十多年來，羽田機場也不斷地擴建及改建，前幾年正式開幕時，還一度成爲話題。他們稱羽田機場爲 Big Bird，而 Logo 也是一隻展翅的大鳥，意在於展翅高飛，飛向於更寬廣的世界，也表示不再只是國內機場。這個設計，讓原來不起眼的國內機場，再度成爲媲美國際機場的規格。

羽田機場雖然只是個日本國內航線爲主的機場，

空港公團（類似我們的機場公司）卻有心讓一個機場成爲一個東京市民可以去玩耍的新地點。他們的宣傳不是只有擺在機場的擴建，或是多了幾條跑道，而是強調了機場新增的許多功能，再加上原本的交通手段就很方便，並且從原來只有一個航廈，增建成爲兩個航廈。

前幾年羽田機場更把國際航廈重新改建，重新納入一部分的國際航線。當然，現在不只有華航降落，還有許多鄰近的亞洲國際航線及興起的廉價航空，也因爲方便而降落羽田，得以減輕成田機場的一些負擔。我們的松山機場也應該是這樣的功能。

日本的許多機場，都不是單純讓出國坐飛機的人來而已，而是多重功能的一個場所，因此在機場航廈裡增加了許多觀光遊樂的特性。這樣一個大

的空間，假如只是爲了飛機的起降，那倒是真的有點可惜，倒不如增加航站的娛樂性。

羽田機場在擴建之後，有百貨公司進駐、有美食街的經營，還有轉機旅客的小型旅館，當然也少不了可以觀看飛機起降的展望台。藉著許多的公關宣傳與活動企劃，讓一個原本只是旅客往來的空間，增加了許多的娛樂與教育功能，對於建築本身的空間使用率也大大地提升。

反觀我們的松山機場，同時期因爲桃園機場的啓用，卻讓這個世界上少數真正位於市區的國際機場落沒了許久。感覺上，除了真的是台灣的國內機場外，還有軍用機場的功能維持著。然而，政府卻沒有長遠的展望，預期到現在對外的國際功能，機場建築節節衰老之餘，保養不足之外，還突然間來個兩岸開放，所有的功能在一夕之間，

「一個空間的目的性，是需要經過企劃與宣傳，讓更多的民眾知道空間的營運目的與知名度，另外一項工作就是包含了經營者對空間的重視，連帶開擴市場的可能性。」

完全無法應付現今來台觀光的客數量。

就算現在已經開放了十餘年，連大型的新型客機也無法起降。政府日前才開始發佈檢討，啓動新的松山機場發展計劃，在我們看來，一個計劃就整整落後了二十年，往後還要花個十年增建，一來一往，整個功能就落後了他國三十年都不止。加上一堆令人不解的法令，還真不知松山機場的擴建計劃，是否得以持續進行？

台北松山機場與東京羽田機場，同樣是位於國家首都市中心的國際機場，二十年後卻有著完全不同的面貌。松山機場與羽田機場重新對飛也好幾年，在羽田機場所看到的規劃與設計，雖然目前松山機場的規模或許無法擴大太多，也不能與其比擬，但在空間的規劃改善上卻有著十萬八千里的落差。恐怕連我們的桃園國際機場，跟羽田機我們重新期待松山國際機場，未來可以經由法令的適時修改，讓這難得的市區機場，能有更宏觀的建築與視野，也變得更方便也更有趣。

場都還有一段的差距。還好政府這幾年努力改建桃園機場，期待目前機場捷運通車後，可以連帶松山機場與桃園機場的環境一起改善，還有第三航廈的建造計劃，似乎還有一些能預期的驚喜。

國際機場是國家與國家的門戶，希望大家在歡喜出國旅遊玩耍的同時，也可以多多注意每個不同國家的大門長得如何，比方有哪些動線的規劃、有哪些的空間設計，還有偌大機場的指示標誌的設計是否簡明易瞭，跟我們的機場有哪些的不同等等。我們不也常常說：看看別人，想想自己嗎？觀光風氣的盛行，國人出國旅遊人口日增，但相對的對於這些政府的公共建設也會要求越來越高，這的確是一件好事。我想，我們要想的還有很多很多，機場只不過是其中之一而已。

TFK

PRIORITY SEAT
優先席 노약자석 优先坐位

如何前往

JR 山手線、小田急線、丸之內線、大江戸線…等

城市觀察

15

新宿站

一個區域四種景致——風情萬種的新宿趣味

都市發展的面相非常多，大多數人介紹自己的都市，大概都會有所謂的舊城區跟新城區。歷史悠久的市區，會因為首都外來移民不斷增加，居住區域不斷地擴展，加上政府的新市區開發計畫疏散居民密度，及土地有效利用，簡單舉例就是台北西區的自然發展與東區政府的計畫開發。所以在都市裡新舊並存的區域是常見的都市生態。

都市發展的面相非常的多，大多數人介紹自己的都市，大概都會有所謂的舊城區跟新城區。歷史悠久的市區，會因爲首都外來移民不斷增加，居住區域不斷地擴展，加上政府的新市區開發計畫疏散居民密度，及土地有效利用，簡單舉例就是台北西區的自然發展與東區政府的計畫開發。所以在都市裡新舊並存的區域是常見的都市生態。

真要拿台北哪裡來比較新宿？我要說，它是有點像西門町，只是西門町卻缺少了現代都會的感覺，但在新宿你卻又看得到西門町那種帶點俗氣的味道。這裡有一種一般庶民想要追上時尚，卻又卡在不上不下的那種半調子。但是西門町卻又少了高樓，以及匆忙往來白領聚集的狀況。

真要說新宿像是台北的信義區，除了一小區塊是

百貨公司林立很像之外，但是東區充滿了進期開發的高級住宅大樓，似乎又過多到少了新宿的那種平民住宅的生活感受。這種五味雜陳的區域，在台北似乎不存在，但在新宿卻平衡地發展得很好。

我就只能說，新宿是一個台北傳統的西區，與新發展東區的綜合體。或許你會說，這樣的比較有點奇怪，甚至於你可能會說，台北根本沒有地方比得上新宿。但是假如你仔細分區塊來逛逛新宿，你就會發現，新宿已經就是個縮小版的台北。

我就先以新宿車站為中心說起，我唸的室內設計學校，就位於新宿車站的西口。一出車站西口就是小田急百貨，再往前走一些，就會進入一個辦公高樓大廈的區域，也就是大家耳熟能詳的新宿超高商業大樓的集中區，也是標準的商業區。

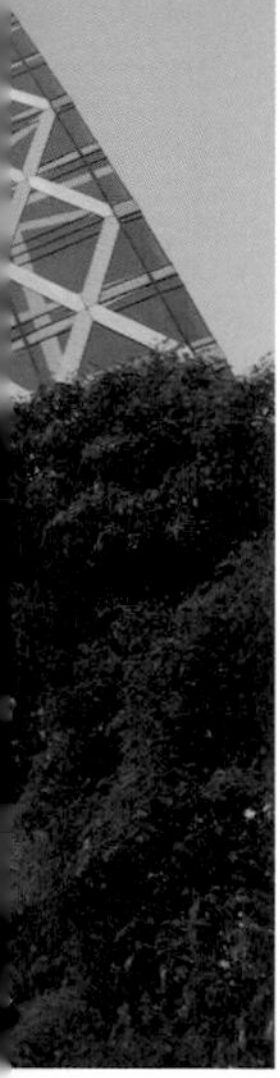

台北現代的大型公廳設計，都沒有令人亮眼的成績，反倒是設計口碑撻伐不斷。這也是曾為設計之都的台北一大傷痕之一吧！反倒是日據時代的公廳建築，日漸受到重視，成為建築美學的焦點。

假如你從這裡開始逛起，你會有一種基本大都會的感覺，這是日本經濟全力發展時的高樓集中地，每一棟大樓當初的設計，都是爲了展現企業的企圖心。此區域的建築設計也都大不相同，正方型、梯型或三角型，各異其趣。而且在日本經濟高飛時期，各大企業都想比氣派、比高度。

後來的東京新都廳也蓋在這一側。由名建築師丹下健三所設計的東京都廳，是一定要去看看的，有空的話可以登上東京都廳的展望室，看一看東京的全景。雖然這幾年東京已多了很多的高樓，也有晴空塔可以登高望遠，但不同的區域看出去的景色還是不太一樣。

你可以看看東京都廳的設計，再看看我們台北市政府大樓，你自然就會了然於心。你也會瞭解到，一個國家對於首都辦公大樓設計的重視與否，還

有公家單位對於建築美學講究的程度，或者是否要以建築獲取民眾的掌聲與目光，那就更可能反映及擴及到整體市民對於美學修養是到達哪一個程度。

再往前走一些，就是新宿中央公園。先不說這裡像不像我們的七號公園，畢竟東京的公園綠地所佔比例不低，不是只有這裡可以看，還有著名的像是芝公園、日比谷公園、皇宮四周、上野公園……等，東京市區的大型公園多到不勝枚舉。而台北最慘烈的莫過於大巨蛋的產生，反倒失去了一片森林及古蹟。

我們就此先往回走，一路上往新宿車站的南口方向走去。你還會經過也是由丹下先生所設計的大樓群，這裡有著名的 Park Hyatt Hotel 柏悅酒店，旁邊則有一個東京設計中心 OZON。裡面有著

休息是為了走更長的一段路，或許跟文章沒有太大的關係，但坐下來靜靜地看著一個都市匆忙的身影，反而可以重新思考自己平日的生活與工作行為，跟其他都市做一個簡單的比較。我稱之為閱讀風景。

許多居家設計商品的陳列及販賣。每每我逛到這裡，都恨不得自己是個大富翁，見一個買一個，但有夢至此就好。我們可以看看這裡設計商品，看看居家的陳列，這些商品及擺設，都會給你許多居家及生活設計的點子。

假如你對瓦斯不是太瞭解，也不妨到這棟大樓一樓的東京瓦斯展示中心逛一逛。瓦斯不是只有我們想像中的用在瓦斯爐煮菜，還有熱水器來燒熱水用而已，位於北國的東京，對於瓦斯的應用，似乎已經遍及我們整個的生活範圍。不信的話，你就更真的要去瞧一瞧。

走到這裡，也應該腿軟疲倦了。此時，你應該可以看到現在已經完成的新宿車站南口大樓。這個新宿巴士轉運站，結合了百貨商場及美食街，以女性爲主題，所以名爲「NoWomen」，把 now

跟 women 合而爲一，鎖定現代年輕女性爲主要客層。但重點仍在於它是巴士轉運站，跟我們台北車站旁的轉運站一樣。只是規模跟舒適度要比我們的好太多。

走到這裡，妳不妨找個咖啡店坐下來休息一下，悠哉地觀察往來東京人群，然後再繼續逛下去。前些年，這裡的重整開發案，也帶動了新宿車站南口的活動人潮。原本就有的 LUMINE，加上對面偌大的高島屋百貨開幕，夾著鐵路對面還有飯店及辦公大樓。你可以站在橫跨在鐵道的天橋上，看著不知幾個軌道的火車，進進出出新宿車站，有時候看久了，覺得好像在看火車模型般的趣味。

讀書這一件事，是我們台北少見的風景，最容易觀察到的就是在電車裡。連書的封面設計，都是

那麼地令人羨慕，小說家百家爭鳴，熱鬧的景象也延燒到台北。相信大家也都能隨口說出幾個日本作家吧？至少有很多日劇，都是從小說改編而來，假如你是一個只看電視的人，應該也無法否認日劇對我們的影響。

新宿車站的南口跟東口，其實是橫向一氣呵成，沒有太明顯的分界。走到新宿車站東口，映入眼簾的，應該就是 ALTA 大樓的大電視，和前面人群聚集的廣場。這裡應該是最好約人見面的地方，要不就再往前走一點，有 GUCCI 跟 3C 賣場，或許等人範圍可以縮小一些。這個區域就視覺上，就開始有點混亂，不如新宿西口超高辦公大樓景像來得清爽。這裡巷弄交錯雜亂的招牌，並不會輸給我們的台北景觀。每次到了新宿車站東口，我老覺得有回到台北般的親切。就是一個亂到有趣的街景。

新宿西口跟東口，很明顯的以新宿車站爲界線，一邊就是辦公室區，一邊就是大賣場區。在這裡大的有老牌的伊勢丹百貨（ISEDAN），還有以年輕人爲主要的丸井百貨（MARUI），大家喜愛的無印良品（MUJI），還有近來以新形態業種合併開在一起，原來是新宿三越百貨大樓裡的BIGQLO。

新宿近年來店舖的更迭之快，讓我也無法跟上。當然不能錯過的還是紀伊國書屋的本店，這裡倒是幾十年來沒什麼變化，也是另一個約人見面的好地方。最近日本有本上榜的書，書名好像就是「假如你約在書店與人見面的話」，就知道書店在一個大都會裡，是個多麼重要的地方。

我一直覺得日本人的讀書習慣甚好，紙本出版也一直非常興盛。儘管電子書再如何地推廣，除了滑手機之外，你會發現不管年輕人或長者，似乎

日本的書店與書報攤的密集度，遠比我們台北高出很多。我所說的不是便利商店的比例，而是大大小小的書報攤及書店。我一直很喜歡日本人讀書的風景，不論在電車上或是書店裡。這是台北還很缺乏的一個景觀「民眾與閱讀」。

都還是習慣於紙本的閱讀。

從書店旁的大巷子走進去，你就會看到代表都會時尚的 BARNEYS NEW YORK 隱身於此。有時真的會讓人很錯亂，因爲這個高級品牌的大樓旁，不是拉麵店就是藥妝店，是很有趣的一個過渡地帶。穿過這一區，你就可以看到大大的霓虹拱門，閃亮亮地寫著「歌舞伎町」！

唸書的時候，總有朋友說歌舞伎町很亂、很危險。但同時期，同班同學約吃飯或是到遊樂中心卻又常常約在這一區。老實說，初到東京時，走進這一區實在會讓我害怕，大概是黑道的故事聽多了，聽說以前歌舞伎町可是台灣人的勢力範圍呢。的確，當年在東寶劇場的廣場前，總是會有一群一群的人聚集一起，不過是年輕人湊熱鬧。但同時又有很多酒店拉客的少爺站在路邊，不斷

地伸手遞出傳單跟你打招呼，氣氛上的確是有點怪怪的一區，有種錯置於早期台北西區的感受。

現在，劇場已經重新改建爲飯店，低樓層仍是戲院，但是上面還多了個哥吉拉飯店。一棟巨大的建築，似乎可以改變一個區域的氣質。有興趣的人可以再去看看，在原本平平的方塊區域上，疊上了一個大型的長方體，新建築似乎打破了歌舞伎町原有錯亂的秩序。我這樣比擬好了，這棟新大樓有如蓮花出淤泥而不染，突然站在這裡，也十分的怪異。但這也是有一種重整這個原本雜亂區域先鋒的感覺，就讓我們繼續看下去，未來的歌舞伎町會不會因爲大型的新建築，而改變此處的氛圍。

假如你還有力氣，再往前走，就可以走到偌大的新宿御苑公園。這裡就比較像是我們台北的七號公園。這樣比擬或許有點奇怪，但是新宿御苑的確這是一個都會沙漠裡的綠洲，尤其在新宿那麼

混雜的地方旁邊。新宿御苑就顯得非常地高雅清新。走到這裡逛一逛，你就可以擺脫剛才那種雜亂都會的視覺，也可以讓眼睛，耳朵得到一個清靜休息。

新宿御苑跟台北七號公園不一樣的地方在於，新宿御苑的樹種得沒有七號公園那麼緊密，而空曠的草地上方就是天空，你幾乎看不到外圍雜亂的建築。讓我們逛了半天的水泥森林，走進這裡，身心有種忽然被解放的快感。當然，稱爲「御苑」其實就是以前日本皇室的御花園，美麗的花草樹木是少不了的，春天賞櫻，秋天賞楓，這裡也是個不可錯過的好地方。

新宿走到如此，應該可以看盡台北的西門町、東區的高樓百貨、信義路的七號公園，還有如艋舺般的歌舞伎町。這樣說來，大家對於新宿是不是

有更具體的概念了呢？

還有一塊，在這裡也一定要提一下，那就是新宿二町目。這裡是東京同志聚集的區域，有著幾百家的小酒吧，也有同志的專門書店。白天走過這裡，你會覺得就是個平常不過的商店街，有些店開著，還有專門學校。各式各樣的餐廳，到了傍晚陸續開店。但是入夜以後，慢慢地人就多了起來，話說是同志出沒的區塊，卻一點都不怪異，你只看得到往來好看的臉孔，打扮整齊的上班族，或是年輕的小伙子，頂多偶爾聽到高亢的嬌嗔話語。

新宿二町目的同志酒吧很多，但很難隨便走進一家店去喝一杯。日語不通是最大的障礙，大多是朋友帶朋友去，否則老實說，還真不知去那一家小酒吧才好，假如有興趣的朋友們，不妨問問你

周圍的同志好友一下吧！或是找住在東京的同志朋友帶你去開開眼界。

對於新宿，我描述了那麼多地方，是希望大家都能有不同的觀察方向。看一個距離我們似乎很近，語言卻不是那麼相通的熟悉區域，這不是非常有趣嗎？新宿就是一個台北的縮影，這樣說起來，是不是會更想讓你去看看在東京不一樣的台北呢？不是只有血拼而已，整個都市街景的設計交錯，才是我想說的重點。

サンウェーブ
ホテルサンルートプラザ

ブーケ
¥3000
¥ 1,200

城市觀察

16

東京街頭，
銀座、
青山、原宿

東京隨處可賞花——
讓日常變美的生活樂趣

賞花看花，假如到了成為一種習慣，我想政府就不用一天到晚要辦花展花博。倒不如將這些花費，好好地來教育民眾如何喜歡花，喜歡買花，喜歡在家插花。這樣比較容易成為一個美麗的花園城市吧！

對我來說，走在東京街頭上，還有一件很令我眼睛一亮的事，那就是路邊有很多的小花店，可能在百貨公司出入口，還有車站旁的小花攤。西方人喜歡花，可以從電影裡看到，很多家庭的場景裡一定少不了大把大把的花束，或是鏡頭帶到玄關時，會有一小瓶插花，跟朋友見面也送一把花，花在西方人生活中似乎比東方人出現的機率高出許多。

在日本呢？在我看來也差不了多少，只是花的量體看起來似乎沒有西方人來得那麼龐大。常在日本看到的場景，是一個小花瓶裡只插一朵花，所謂的一朵插花（一輪挿し）。要不就是我們熟悉的花道，小原流，草月流…等。日本很多這種流派，將插花視爲一種精神的追求，一種極高的藝術境界。日本人跟西方人外在熱情的表現比對下，顯得較爲內斂許多。講到這個會太深奧了，

要去請教專家才是。

但是在東京街頭，你就真的會看到很多的小花店。但是相較在台北，更不用說是在外縣市，就真的很難找到花店，或者是小花攤。在台灣，恐怕除了在婚喪喜慶，還有店家開幕，表演節目場所前才會有大量的花卉出現。花的功能似乎除了在這些場合外，好像被拘泥於愛情上的表現較多，並沒有那麼深入到一般家庭生活之中，而成爲生活中的一小部分。

我常在東京亂逛，銀座也好，青山、原宿也好，或各處的百貨公司也罷，還有車站，只要一看到花店或攤位，我就幾乎會靠過去看一看。然後用很近的鏡頭，拍各式各樣的花，讓畫面裡只有花。

然後我會仔細研究一下自己認得的有那些，那些

> 台灣是世界上數一數二的產花王國，位於四季如春似夏的寶島，縱然有些北國的花卉仍需進口，但花的價格比起日美來說，算是便宜到隨手可得。我們台灣人重吃，顯然比重視生活的美感要高出許多。

是少見的花。一般東京的花店或小花攤，不會只有賣切花，也會有許多小小已經插好的盆花。這是店家希望顧客可以隨手買一盆，拿回家放著點綴欣賞，或是送給親朋好友，或者只是心血來潮，買來送給情人。

通常這些小盆插花都安排得五彩繽紛，我常常會看得出神，捨不得離開。回想起來，以前畫油畫的時光，我的作品就大多以花爲主，靜物作品反而少得許多。或許我覺得花在最綻放燦爛之後，只有用畫筆留下，才不會枯萎。

反觀台北花店少之又少，一般人大概也怕麻煩，因爲花會枯萎，還要處理照顧，大多數的人會覺得花並不便宜，枯了就要丟掉很浪費錢，不然怎會說花錢（冷笑話一則）。但事實上，家裡角

落或桌上，隨手擺上一小盆花，或者只是插一朵花都好，一朵小小的花就會讓整個空間滿室生香外，因爲花的顏色不同，還會帶來空間的另一種活潑的生機。千萬別小看一朵花的力量。不信的話，等下你就快去花店買幾朵花，回家拿個空瓶插上，相信不只是妳的房間明亮了起來，連你的精神都會爲之一振。

但重點是，台北的花店在哪裡呢？這就要靠我們市民的生活習慣養成，不是只有在拜拜、生日、離職、結婚……等特殊場合才需要花，生活裡本來就可以進入花花世界，讓每天生活在灰濛濛台北市的我們，在自己的空間裡添加許多色彩，這不是一件非常美妙的事嗎？不要只是或只能在花卉市場才能夠看到花，而是希望三五步我們就可以很容易地看到許多花店，那樣台北才會成爲一個所謂真正的生活都市。

宮益坂下
渋谷区
分煙ルール
喫煙所
Smoking Area
Zone Fumeurs
吸烟处
흡연 구역
渋谷区役所 安全対策課
電話 03-3463-3496

城市觀察

17

涉谷站

讓愛煙家與不抽菸者彼此尊重——抽煙有害健康，但不妨礙抽煙的空間設計

抽煙有害健康　戒煙專線 0800-636363
但是抽煙的人有抽煙的選擇，在一個懂得尊重他人選擇權力的同時，也要懂得禮貌與行為，你可以抽煙，但要不妨礙他人。你討厭抽煙，但你也要尊重抽煙人的選擇。

記得我剛到東京的時候，台北市已經立法，並開始取締室內抽煙的空間。並且一下子就全面禁煙，一開始的時候還真是雷厲風行，一直到今天，仍然讓人覺得在台灣抽煙，甚至誇張到是一種犯罪的行爲。

所以對我這樣的一個愛煙家來說，當然也規範了不少，也讓我少抽了許多煙。當年到了東京，我所有抽煙的朋友，都覺得東京真是個愛煙家的天堂，到處都可以抽煙。不管街頭也好，十字路口也好，大概一停下來等紅燈，你都會看到許多上班族，西裝畢挺地就掏出香煙來抽。日本人或許基於禮貌，並不會在抽煙人的旁邊做出捏鼻子，或是手煽風的動作，但抽煙的人也會自動的退一步到不妨礙的地步，雙方都有一點禮貌及禮讓。

當時東京的餐廳幾乎是沒有在禁煙的，無論拉麵

> 推廣禁煙，是絕對鼓勵的一件好事。但是在進行禁止的同時，也應該給抽煙者一點共存的空間。循序漸進，配套措施以及積極溫和的宣傳，這一向是我們政府做得最不好的一件事！

店也好，正式的餐廳也罷，大家坐下來，有百分之七八十的人，都是先喝口冰水，就拿出煙來抽。當時東京政府已經開始有好長一段時間，在倡導禁煙的活動。最常見的就是「公共廣告」手法，一開始的標語是：「我是個愛煙家，但我不隨手丟煙蒂」。這個目的，是在於希望能保持東京街道的乾淨，由於以前日本最髒亂的地方，就是有煙蒂的十字路口，因爲大家等紅綠燈時隨手一點，過個幾十秒要過馬路時，就隨手一丟，造成煙蒂滿地，也沒有人在意。

當時的宣傳，倒也沒到嚴厲禁煙的地步。後來有段時間，陸陸續續地看到東京的許多十字路口，都設置了煙灰筒。這個目的在於希望抽煙的民眾可以保持路口街道的清潔。雖然東京的街頭沒有甚麼垃圾亂丟，卻因爲滿地的煙蒂，的確會讓像是銀座這種地方有點煞風景。

慢慢地這十幾年來，東京政府從區域性開始，施行路上禁煙的政策。譬如說，像是新宿或銀座跟涉谷，開始禁止在路上邊走邊抽煙，行人步道上隨時可以看到貼在地上的禁煙標示。但是在這個同時，你也可以在電車上，或是車站裡，看到一系列的愛煙家禮貌運動。這是在告訴所有的抽煙的民眾，雖然你抽煙，但是千萬要注意到許多抽煙的行爲，要注意以免不小心燙到人，或是要注意會不小心燙到他人衣物，還有告訴你什麼場合可以抽煙、什麼場合不要抽煙。這是一步步教導抽煙的民眾，要注意到應有的禮貌。

東京都政府的做法，是一種循序漸進的做法。很重要的一點是，煙的售價也年年調升，用的理由也不外乎就是調高煙稅，還有我們熟知的健康捐。香煙一直漲價是世界上一致的做法，不論日本，美加，歐洲都一樣。

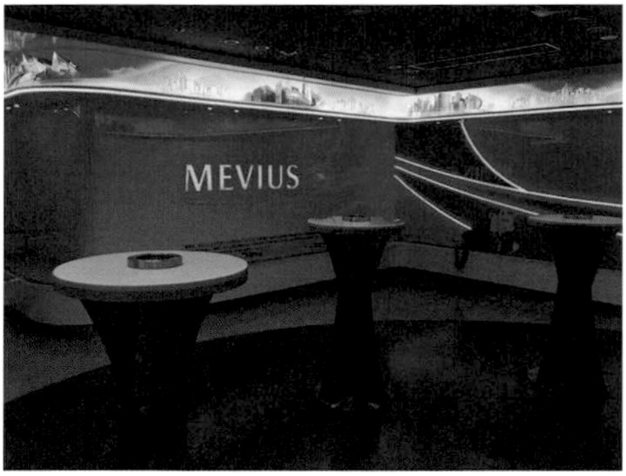

其實仔細觀察，這些抽煙禮貌運動的廣告，都是日本煙業（Japan Tabacco 簡稱 JT）所做的提供。或是許多吸煙室的設置也是由香煙業者贊助，現在則是在許多的大樓或是商場中，由業主自行設置及設計。

我記得我剛到日本時，一包煙的價格是 190 日幣，後來漲到 210 日幣，現在一路就漲到了 420 日幣。當然台灣也差不多。日本的愛煙者，也曾經反對香煙一味地漲價，提出抗議，認爲政府不應當一面鼓吹禁煙，確又要從煙品上來抽取高額的稅金及健康捐。

但是在這整個禁煙的過程當中，東京跟台灣不一樣的地方是，日本人不會把抽煙的人，看成是犯法或是不正行爲對待。相對的，台灣在宣傳禁煙時，似乎一味地就是把抽煙的人貶抑，到像是不入流的罪犯或吸毒品一樣。

或許我言之過重，但是像我這樣的一個愛煙家，就是有這樣的感受。在東京，你抽煙可以得到基本的互相尊重。最重要的就是政府在執行的過程當中，有許多的配套措施，而且是一步步地讓民

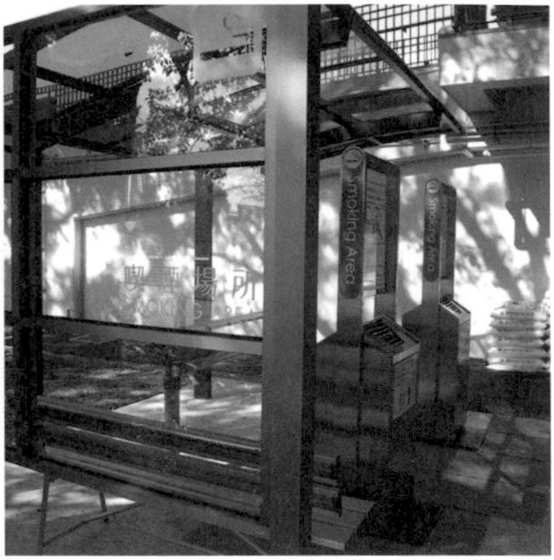

眾養成「禮貌的習慣」，不管是愛煙家或者是討厭抽煙的人，兩者之間也會互相尊重。

剛才提到說，東京都政府採取公共區域性的禁煙開始，但只要是禁煙的區域，他們就會相對地設置一個抽煙的區域。他們讓癮君子可以不要邊走邊抽，而是在區域內抽完再走，而且隨時旁邊還會有勸導人員指導，提醒你別在區域外抽煙。

大家也都知道，日本人算是非常守規矩的人種，所以在十多年後的今天，東京幾乎是已經是全面路上禁煙，但是你一定很容易可以找到定點抽煙的地方。印象最深的涉谷車站前，忠犬小八旁就有一個很大的抽煙區，每到這裡，聚集的煙客真是可以用「香火鼎盛」來形容，但大家也都不以爲意，很自然地在這裡抽完一根煙再出發。

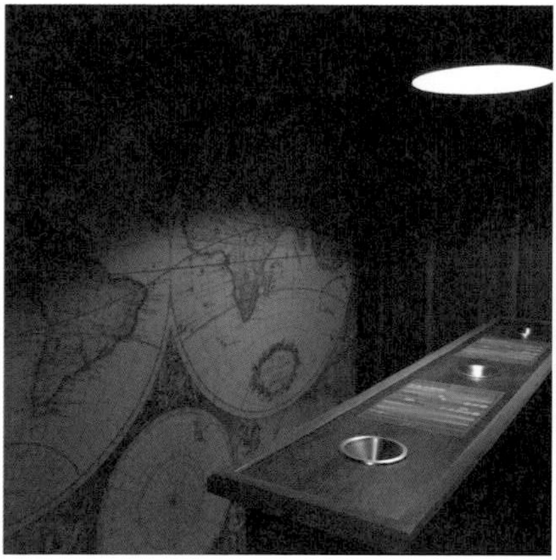

後來慢慢地，連建築物內也都全面禁煙了。尤其是這十年來，許多大型都更後的區塊，像是六本木之丘也好、東京中城，一直到最近新興的日本橋室町的 COREDO 商場內，都會在建築物的室內或每層樓，依據建築物大小，設置一個抽煙的空間，供來此逛街的癮君子們，有個呼吸香煙味道的空間。重點是，這些抽煙的空間，設計得都很美很貼心。而不是只有煙灰缸而已。

這麼多年以來，在東京逛街走路，的確讓我少抽了很多很多的煙，但卻不會覺得不好過。因爲東京都政府的規劃，讓民眾在走走路散散步的過程當中，很容易找到駐足的地方，來上一根的快感。於是這許多年來，日本的街道真的更乾淨了許多。而且，現在三不五時，那個大人抽煙的禮貌講座，目前還持續地在電車車廂廣告裡出現，持續一系列的宣傳。

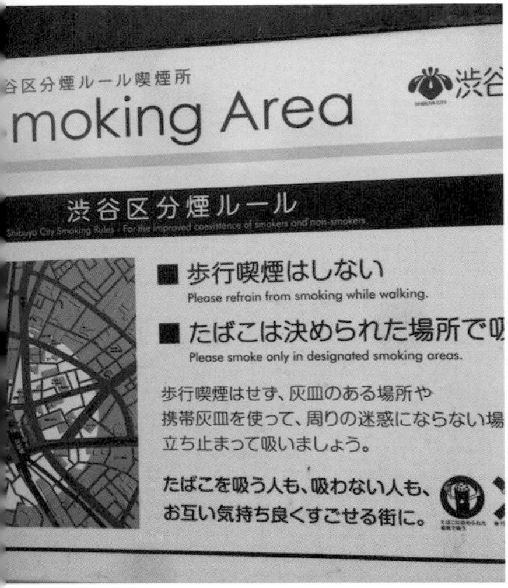

立法放寬對於抽煙者的限度，溫和態度地宣傳禁煙，或是有趣優雅的宣傳方式，我相信不僅對政府的稅收大有幫助，同時也不會引來愛煙者的反彈，同時注意禮節。這是一個三贏的方法。

我要說的就是，我們政府雖然多年來一直在推行戒煙活動，但對愛煙者也並沒有提出相對的尊重。假如政府既要抽稅，卻又一味地以打壓態度對待買煙捐稅的人，又沒有相對尊重愛煙者的立場，怪不得，這二十多年來，台北禁煙的效果，遠遠落後了東京太多太多。這幾年來，台北路上的煙蒂也沒有因此像東京減少到幾乎看不到，那麼這就是一個很值得思考的問題了！

最近東京又開始重新討論禁菸問題，爲的是迎接2020年的東京奧運。曾經一度全面禁菸的結果，是讓許多的咖啡廳及餐飲店的業績一落千丈。所以都政府在討論過後，放寬了一些法令，准許在一定空間裡設置隔離的吸菸區。最近的討論，則是與許多不同的餐飲業者討論，是否規範出業別後，在訂定法令。像是某種程度的居酒屋，咖啡廳、燒肉店或是拉麵店…等，是否能在營業時間

我是愛煙家，我不亂丟煙蒂，我尊重他人感受。抽煙時避免造成他人的不快，同時也希望你尊重我抽煙的選擇。

開放抽煙，經過多方意見的蒐集後，才會在未來議會中討論，這就是在爭取各方尊重下的所取得的平衡點。

最後我還是要說一句，「吸煙有害健康」！

國家圖書館出版品預行編目 (CIP) 資料

東京散步思考：由點到面看城市，室內設計師的 17 個觀察側寫
/ 陳岳夫著 . -- 初版 . -- 新北市 : 遠足文化 , 2017.09
面； 公分 . --（浮世繪）
ISBN 978-986-95322-6-6（平裝）

1. 旅遊文學 2. 日本東京都

731.72609　　106014886

東京散步思考

由點到面看城市，室內設計師的 17 個觀察側寫

作　　者｜陳岳夫
攝　　影｜陳岳夫
總 編 輯｜郭昕詠
主　　編｜蕭歆儀
副 主 編｜賴虹伶
編　　輯｜王凱林、陳柔君、徐昉驊
行銷經理｜張元慧

封面與內頁設計｜謝捲子

社　　長｜郭重興
發行人兼出版總監｜曾大福

出 版 者｜遠足文化事業股份有限公司
地　　址｜231 新北市新店區民權路 108-2 號 9 樓
電　　話｜(02)2218-1417
傳　　真｜(02)2218-8057
電　　郵｜service@bookrep.com.tw
郵撥帳號｜19504465
客服專線｜0800-221-029
部 落 格｜http://777walkers.blogspot.com/
網　　址｜http://www.bookrep.com.tw
法律顧問｜華洋法律事務所 蘇文生律師

印　　製｜凱林彩印股份有限公司
電　　話｜(02) 2794-5797
初版一刷｜西元 2017 年 9 月
Printed in Taiwan ｜有著作權 侵害必究

WANDER

IN

TOKYO

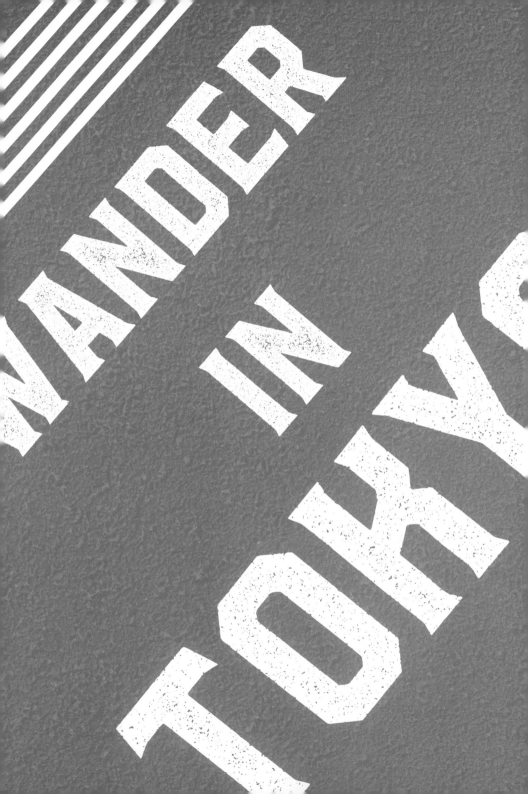

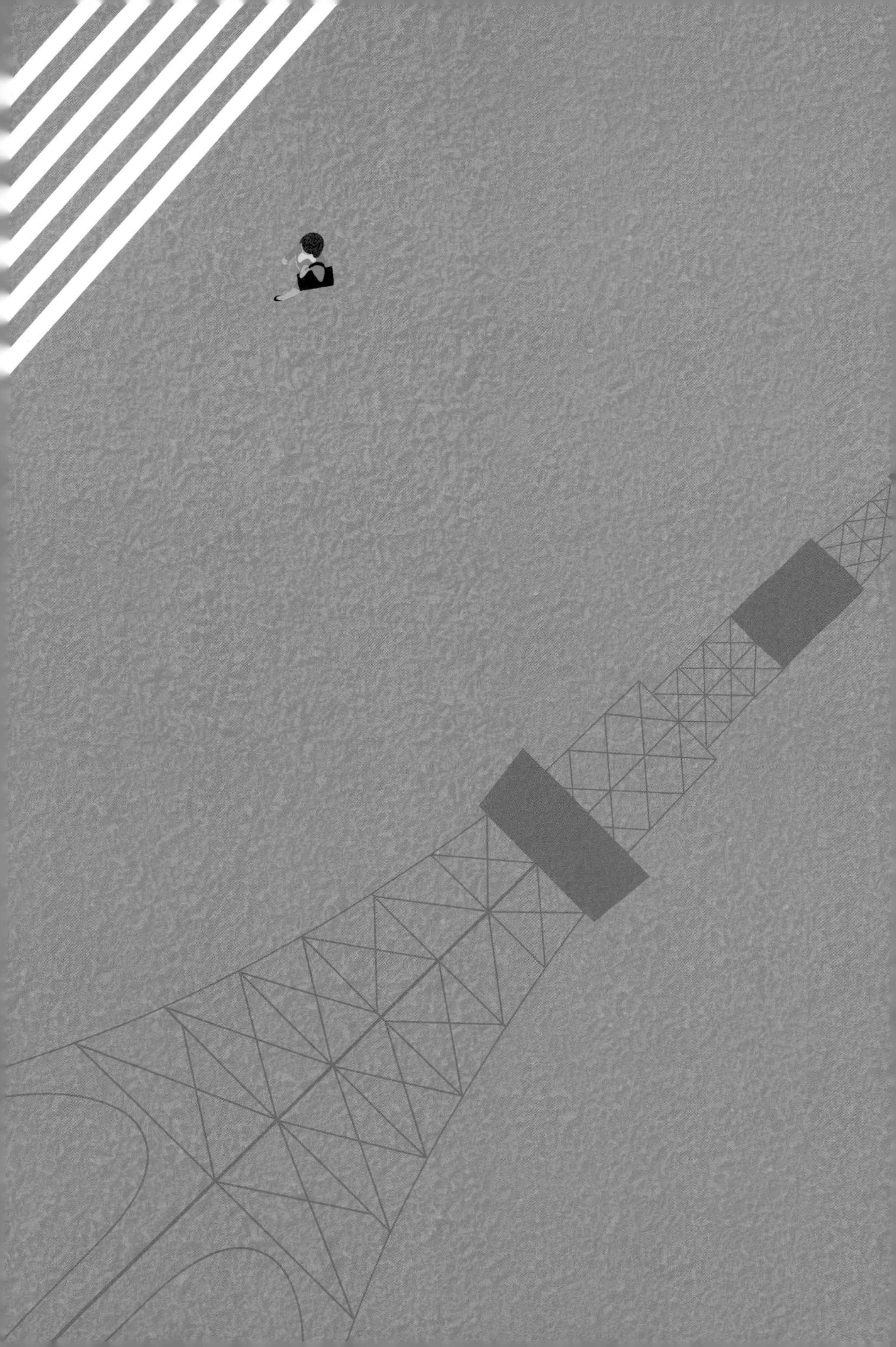